小山洋司

ソ連・東欧の社会主義は何であったか

——歴史的教訓と将来社会

ロゴス

まえがき

　私は1978年までソ連経済、とくに経済史を研究してきたが、同年10月から1年5ヵ月間、旧ユーゴスラヴィアに留学して以来、研究の重点はユーゴの自主管理社会主義の研究に移った。そしていまは旧ユーゴを含む中東欧（東欧＋バルト三国）全域を研究している。

　ソ連・東欧の社会主義が崩壊して30年も経つ。体制転換後、東欧諸国やバルト三国はヨーロッパへの復帰をはたし、そして2004年（ルーマニアとブルガリアは2007年、クロアチアは2013年）にはＥＵに加盟した。西側資本と先進技術の導入、多国籍企業の進出、ＥＵによる援助のおかげで、これらの新規EU加盟国は急速に経済発展を遂げた。

　その間の変化は著しい。たとえば、1984年にポーランド訪問したとき、1981年12月の戒厳令で弾圧され、非合法化された労働組合「連帯」の印の落書きをあちこちで見かけた。全般的にもの不足で、商店には魅力的な商品を見かけなかった。ワルシャワ市内を歩いているとき外貨ショップを見つけた。街の雰囲気は暗かった。

　1989年に起きた体制転換は決定的に重要であった。1991年に訪問したときには、ワルシャワ中央駅から文化科学宮殿（スターリンからの贈り物と呼ばれる）にかけての一等地に雨後の筍の如く多くの小さな店（雑貨、衣類、食べ物などを売る）が

立ち並んでいた。社会主義時代に訪問したときは、国立銀行へ行かなければ外貨の両替ができなかったのに、今度は街を歩くと至るところに両替屋を見かけた。2000年代に入ると、上記の一等地は見違えるほどきれいに整備され、立派なビル、オフィス、ハイパーマーケット、地下鉄の駅を見ることができた。EU加盟によりポーランドの労働者は発達したEU加盟国の労働市場に参加することが可能になった。

　体制転換と市場経済移行、そしてEU加盟により、人々の暮らしは全般的に豊かになったが、これらの国々は別の試練に直面している。中欧（ポーランド、チェコ、ハンガリー、スロヴァキア）は人々の対外移住と対内移住がほぼ釣り合うか、対内移住が少し上回っているが、周縁部のバルト三国、とくにラトヴィアとリトアニア、およびバルカンのルーマニアとブルガリアでは対外移住のペースが速く、急速に人口が減少しつつある。この30年間に人口はラトヴィアでは28.8％、リトアニアで26.4％も減少した。高技能労働者はドイツやイギリスのような先進国に吸い寄せられており、彼らの大量流出は深刻な問題である。とくに農山村の過疎化は著しい。バルカンに住む次の二人の言葉は象徴的である。「農村には生活に必要なものは何でもある。家、土地、食物はある。ただないのはカネだ」（ルーマニアの学者）。「若者は村を出て行った。自分の子供は外国に移住した。孫は外国人になった」（ブルガリアの農村に残った老人）。新規EU加盟国では少子高齢化が進んでおり、年金財政の将来が懸念されている。また、人口減少はそれぞれの国の文化の維持と世代間の継承にも影を投げかけている。

本書は、中東欧の現状をよりよく理解するために、社会主義時代にはどうであったのかを説明する書である。長年、ソ連や東欧の社会主義を研究してきた者として、最後に、ソ連・東欧の社会主義が教える歴史的教訓を踏まえて、日本や世界の将来展望を語りたい。

　2021 年 11 月　　　　　　　　　　　　　　　　　小山洋司

ソ連・東欧の社会主義は何であったか
——歴史的教訓と将来社会
目　次

第1章　ソヴェト社会主義建設に
　おける転換点——スターリン主義の成立

要　点

　本章はかなり長く、そして難解な部分もあるので、最初に
要点をまとめておこう。

　①ソ連は一国で、しかも物質的条件と社会的・文化的条件
を欠くところで、社会主義の建設をせざるを得なかった。

　②1929年に穀物調達危機が起きたが、これは体制を揺るが
すほどの重大な政治的出来事であった。スターリンはそれま
で提携してきたブハーリンらの反対を押し切って、「上からの
革命」、すなわち、富農の絶滅を伴う農業集団化に乗り出し
た。

　③バルソフの研究によると、急速な重工業優先の工業化に
必要な資金は、農民を犠牲にした工業と農業との間の不等価
交換によって捻出された。しかし、1931年と1932年の高い
蓄積率にもかかわらず、工業はそれに見合う成長を遂げるこ
とができず、農村での飢饉や都市住民の消費水準の低下をも
たらした。

　④1929年の「大転換」、計画以上に強度に重工業に傾斜し
た投資ならびに上からの全面的農業集団化はソ連社会を危機
に陥れ、ソヴェト社会主義の中で抑圧体制を恒常化させるこ
とになった。

はじめに

スターリン主義[(1)]の問題を考察するとき、ロシア社会の後進性を重視する議論が有力である。私もその点は了解する。しかし、私は、スターリン主義の成立をロシアの後進性を前提としつつも、同時に、ロシア革命によってソヴェト権力は後進性を克服する手段を獲得したのであるから、スターリン主義の問題は後進性からストレートに説くべきではなく、困難に直面にして、さまざまなコースがありながら、政治選択と

（1）エレンステン（1978）はスターリン現象について具体的かつ克明に論じている。著者が論じているスターリン現象を順不同に以下に列挙してみよう。民主主義的手続きの軽視と言論抑圧、ノメンクラトゥーラ（要員配置リスト）の重視、唯一の党、表現・結社・集会の自由の全面的な欠如、批判の全面的欠如、政治的民主主義の不在、学術・文化・芸術への直接的介入、経済の軍事化、中央集権化、個人崇拝、スターリンの宿命的な性急さ（たとえば、1936年にはソ連の生産はアメリカの生産に追いつくという目標）、政治警察（KGB）への依拠、国家の中の国家と化した政治警察による異端審問、大量弾圧とテロル、クラーク（富農）の絶滅、強制労働と収容所、スターリンの猜疑心から発する多くの幹部の処刑、労働者国家の歪曲、剰余価値の国家を通した官僚による間接的な収奪、国家と市民社会の区別の消滅とツァーリズムに類似した国家の全能支配、ロシア民族主義の鼓舞と小国の独立の無視ならびにソ連の国家利益の優先、等々。
　「スターリン主義」の定義は多くの論者によってさまざまに

してスターリン的な方法がとられたと見るべきだ、と考えている[2]。もちろん、そのときどきの選択の幅は客観的諸条件に規定されているので決して大きくない。だが、歴史の道が究極的には客観的諸条件に規定されていることを前提としたうえで、なおかつ歴史においてはたす個人の役割（とくに指導者の決断、選択）を重視しないわけにはいかない。

　スターリン主義の成立をロシアの後進性からストレートに説かないとすれば、スターリン主義の成立を理解する鍵はロシアの後進性と並んで、あるいはもっと重要なものとして、社会主義計画経済の国家セクターの中に、言い換えれば、社

定義されている。ボッファ（1983）はその定義を次のような8つのタイプに分類している。①連続説：ボリシェヴィキ革命とレーニン的政治方針の首尾一貫した、一部は予想外の、だが本質的には論理的な発展と見る解釈。②断絶説：「革命の名において一つの革命をおしつぶしたもう一つの革命に依拠」。③上からの革命説：国家建設、強力な、いちじるしく中央集権化された、官僚主義的、軍事・工業的、ロシア・ソヴェト国家建設の過程。④全体主義説。⑤発展の革命説：ロシア社会全体を工業化の要求に合わせて作り変える努力と見る。⑥テルミドール説：トロツキーが主張するように、反革命と見るもの。⑦国家主義の優位説：旧ユーゴの理論家やアンリ・ルフェーブルが主張する。⑧工業専制主義説：東洋的専制主義に工業と近代経済への発展の「非資本主義的な道」が加わったと見る。私は③の説を採用する。
（2）こういう歴史の見方はロイ・メドヴェージェフから学んだ（『共産主義とは何か』下巻、147頁、参照）。

会主義計画経済の組織のされ方の中に見出されることになるだろう。ソヴェト社会主義を考察する際、政治と経済を統一的に把握する視角と同時に、ソヴェト社会主義は歴史的にどうして形成されたのか、という発生史的な視角が必要である。以下、ソヴェト史において最も重要な転換点の一つであった1920年代末のいわゆる大転換——第一次5ヵ年計画期にあたる——に焦点をあて、スターリン主義の問題を考えてみたい。

1 ソ連社会主義建設の展開過程

　遅れた農民国ソヴェト・ロシア（農民が全人口の80%を占めていた）における社会主義建設を困難にしたのは、その国際的孤立であった。はじめは、ソヴェト・ロシア一国で社会主義建設ができるとは、ボリシェヴィキの指導者を含めて誰も考えていなかった。彼らはみなドイツ革命を待望していた。ところが、ボリシェヴィキの期待に反して、現実にはドイツ革命は挫折し、資本主義の相対的安定を迎え、世界革命の展望は急速に遠のいていった。勝利した西ヨーロッパの「社会主義」の物質的援助を前提として開始されたロシア革命が、一国における革命としてとどまらざるをえず、国際的な孤立のなかで社会主義建設を余儀なくされた、という歴史的現実が、ソ連社会主義建設の困難性をよく物語っている。

　これに加えて、国内戦＝干渉戦による打撃がある。ソ連における社会主義建設は国民経済の復興から始めなければならなかった。戦争の結果、農業生産高は戦前水準の60%、工業生産高は13.8%にまで低下した（表1）。とくに鉄鋼業は主要

生産地である南部が戦場となったため、文字どおり壊滅的な打撃を受け、銑鉄生産高は 2.7％、粗鋼生産高は 4.6％にまで落ち込んだ。絶対額で見れば、1920 年代におけるアメリカの粗鋼生産高が 4281 トンであったのに対して、ソ連のそれはわずか 19 万トンで、アメリカの水準の 200 分の 1 以下というありさまであった。そのうえ、戦争で多くの優秀な労働者が戦死していった。経済的疲弊のため多数の労働者が農村へ逃げ帰り、レーニンをして労働者階級の脱階級化と嘆かせるような現象が現出した。

　このような現実に直面したレーニンは、「他の国々に革命が

表 1　農業と工業の推移（1913 年 = 100）

年　度	農業			工業				
	農業総生産物	耕種生産物	畜産生産物	大工業の総生産物	生産手段の生産物 [A]	消費資料の生産 [B]	[A]：[B]	
1913	100	100	100	100	100	100	40.7	59.3
1920	67.0	64.0	72.0	13.8	15.9	12.3	47.2	52.8
1921	60.0	55.0	67.0	19.5	21.0	18.6	43.7	56.3
1922	75.0	75.0	73.0	25.5	28.1	23.8	44.8	55.2
1923	86.0	84.0	88.0	39.1	46.1	34.2	48.1	51.9
1924	90.0	82.0	104.0	45.5	50.5	42.0	45.3	54.7
1925	112.0	107.0	121.0	75.5	80.3	72.2	43.4	56.7
1926	118.0	114.0	127.0	108.1	116.5	102.4	43.9	56.1
1927	121.0	113.0	134.0	123.7	133.3	117.0	43.9	56.1
1928	124.0	117.0	137.0	154.3	163.0	148.4	43.0	57.0
1929	121.0	116.0	129.0	194.4	214.7	180.4	45.0	55.0
1930	117.0	126.0	100.0	252.0	303.2	216.9	49.0	51.0
1931	114.0	126.0	93.0	314.7	402.6	254.8	52.1	47.9
1932	107.0	125.0	75.0	359.8	475.3	280.3	53.8	46.2

　出所：『ソ連邦の社会主義建設』（1936）、2 頁。『ソ連邦の農業・統計集』（1960）、79 頁。

　備考：小規模工業は除かれている

やってこない限り、農民との協定だけが、ロシアの社会主義革命を救うことができる[3]」と述べたのである。これがネップ（新経済政策）の精神であった。ネップとは、上島武氏の説明を借りれば、次のようなものであった[4]。ネップはさしあたり、戦時共産主義時代の末期に表面化しつつあった小農民の不満に順応し、そのソヴェト権力への支持を取り戻すための政策転換（1921年）としてスタートした。食糧割当徴発制から食糧税への移行がその基礎をなした。このような「迂回」は、他方、世界革命がのびのびになっている状況に対応するものと意識された。同時に、ネップはこの消極的対応としての面だけでなく、このような対応を実現していく過程の中で、孤立した、遅れた農民国における社会主義建設を切り開くものとしての、積極的な、しかしながら当然に長期的な展望を含むものであった。レーニンは、「小農民をつくりかえ、その心理や習慣のすべてをつくりかえることは幾世代もかかる仕事[5]」、つまり、数十年もかかる仕事と見ていた。ネップは、農業の社会主義的改造を成功させる究極の保証は、農業をも電化・機械化することのできる近代的機械制大工業である。しかし、ソヴェト・ロシアでは、それ自体、これから作り出さなければならない（⇒社会主義的工業化の必要性）。そればかりか、工業全体が国内戦の結果、極度に荒廃している。このような条件の下で、工業の発展をはかるためには、都市・農村

（3）レーニン全集、第32巻、227頁。
（4）このパラグラフの叙述は上島武（1977年）、6 - 12頁による。
（5）レーニン全集、第32巻、229頁。

間の経済的結びつきを回復し、都市の工業に食糧と燃料を保証すると共に、農村には必要な工業製品を供給しなければならない。この都市・農村間の商品交換の発展をつうじて、工業の基礎を徐々に拡大する。かくして、復興し、さらにいっそう発展した工業は、やがて農業に大規模に機械やトラクターを供給するであろうが、そうすることによって農民は自発的に社会主義に導かれていくであろう。ネップは以上のような展望を含むものであった。

　ネップは初発から内在的諸矛盾を内包しており、ネップの推進にあたっては、当然のことながら幾多の政治的・経済的困難を免れることはできない。農業の復興・発展は農民の階層分解を伴うものであり、社会主義国有工業の発展にストレートに結びつくものではない。1920年代をつうじて、経済的困難に直面するたびに原因の認識、打開の方向をめぐってソ連共産党内部で激烈な論争が繰り広げられたのはこのためであった。とくに重要な論争は1920年代半ばの工業化論争であった。1925-26年までに農業生産は戦前水準を回復し、つづいて工業生産もほぼこの時期までに戦前水準に到達した（表1）。こうして「復興期」は終了し、工業化を課題とする「再建期」に移行する。このような現実を背景に、工業化の方法、工業化のテンポ、その蓄積源泉をめぐって論争がくりひろげられたのである。

　ブハーリンら右派は、一国で社会主義を建設しうると考え、そのためには農民との同盟を保証することを至上命令として、工業の蓄積も農民を犠牲にして行ってはならぬと考え、「国家と農民との間の商業的循環を通じての蓄積」を主張し

た。

　他方、トロツキーを指導者とする左派、なかでもプレオブ
ラジェンスキーは、経済的困難の原因を工業の後進性と弱体
さに見て、これを打開するために、「社会主義的原始蓄積」
に基づく工業の加速度的発展の必要性を強調した。プレオブ
ラジェンスキーが提唱した「社会主義的原始蓄積」は、国営
工業と農業との関係をいわば本国と植民地との関係になぞら
え、両者の間の不等価交換をつうじての工業の発展を実現し
ようというものであった。こういう左派の方針は労農同盟に
脅威を与えるものとして、ブハーリンや中間派のスターリン
の反対にあい、しりぞけられた。

　1925年12月の第14回党大会は、「一国社会主義」路線に
基づく社会主義的工業化の方針を採択したが、このときはま
だ漸進的な工業化の方針にとどまっていた。資本主義の相対
的安定とともに、1927年頃から、ソ連をとりまく国際情勢
は悪化し始めた（1927年前半に起こった対英断交）。こうして、
対外的にも経済的自立性を確保するために、工業化は至上命
令となった。左派の「合同反対派」を粉砕した第15回党大
会（1927年12月）は、ゴスプラン（国家計画委員会）およびＢ
ＣＨＸ（最高国民経済会議）に対して、第1次5ヵ年計画の作
成を指示した。

　ゴスプランはすでに1925/26年年度以来、各年度の短期計
画である「国民経済統制数字」を作成してきた。ゴスプラン
は1926年3月には全連邦ゴスプラン大会を開き、初めて5ヵ
年にわたる展望計画（第1次草案）を発表していた。第15回
党大会の指令が出てからは、異なる方法論に基づく多くの計

画案が作成され、審議にかけられたが、容易に統一的な計画案にまとまらなかった。ところで、この当時、ゴスプランやＢＣＨＸなどの経済機関に非常に多くの非ボリシェヴィキ的専門家（メンシェヴィキ、エスエル、カデット系）が参加し、計画立案に従事していたという事実はたいへん興味深い。ボリシェヴィキのなかにはクルジジャノフスキ

表2　穀物輸出（単位：トン）

年　　度	
1926/27	2,488,000
1927/28	426,000
1928/29	79,800
1929	260,088
1930	4,841,000
1931	5,177,882
1932	1,808,132

出所：1926/27 ～ 1928/29 年度については Moshkov (1961), p. 52. 1929 ～ 32 年度については、『ソ連邦における社会主義建設』1936、686 頁

ーやストルミリンなどの一握りの人物を除いては有能な経済専門家はいなかったようである。

　ところで、1928年から1929年にかけて党指導部は大きな危機に直面していた。1928年初頭に始まった穀物調達危機であった。穀物収穫は前年とそれほど変わっていないのに、穀物調達量は前年の半分にも満たないのである。この穀物調達危機はたんに経済的な問題であるにとどまらず、体制を揺り動かすほどの政治的意義をもつ重大な出来事であった[6]。危機の初期には、調達を円滑ならしめるために、農村に優先的に工

（6）渓内謙氏はその大著『スターリン政治体制の成立』のなかで、スターリン政治体制の成立をこの穀物調達危機から説き起こしているほどである。穀物調達危機については、とくに同書第1部、354-383頁、Ｍ・レヴィン（1972年）、第9章、参照。

業製品を大量に供給するという努力も払われたが、功を奏さなかった。この危機に直面して、党指導部は最小限の穀物を確保するために、経済外的強制の方法に訴えた。これは非常措置と呼ばれるもので、具体的には、従来からの市場的操作に代わって、各地区、村ごとに調達機関に対して穀物を販売する計画課題を割り当て、調達に応じない農民には刑法107条を適用するというものであった。買占め、隠匿および商品を市場へ販売しないことによって商品の価格の意図的騰貴をはかった者には、財産没収と共に3年ないし5年の刑を科すという刑法107条は、もともと投機者を対象としたものであった。だが、裁判官や検察官の抵抗を押し切って、スターリンはこの条項を適用させたのである。非常措置は28年の1月(7)から3月まで続いた。この非常措置により、さしあたり調達不足をほぼ完全にカバーすることができた。けれども、同時に、非常措置は否定的な結果を伴った。「それは農村上層部だけでなく、中農の利害にも触れ、まだ記憶に残っている食糧割当徴発制を想起させた」(モシコフ、1966、p. 32)。農民は1928年春の穀物播種期に播種を減らすという対抗措置に出た。小麦、ライ麦の播種は激減した。このため、7月には政府は穀物調達価格を10－15％引き上げることを余儀なくされた。だが、ヤミ小売価格は高騰し、調達は不調であった。そのため、国家の穀物備蓄は激減した。重要な工業中心地の労働者、住民に穀物を供給するために、政府は1929年初めにはモスクワ、

---

(7) 非常措置については、渓内謙(1970)、第1部、第3章、第3節およびM・レヴィン(1972年)、第9章、参照。

レニングラードで、そしてまもなく、すべての大都市で配給を導入した。穀物不足は外国貿易にも反映した。政府はこの年、穀物輸出業務をほとんど停止しなければならないところまで追い込まれた（表2参照）。そのため、工業用機械・設備の輸入を減らさなければならないほどであった。

このような穀物調達危機とそれに対応する非常措置の適用を背景として、それまでトロツキーら左派との闘争において一貫して提携してきたブハーリン派とスターリン派との間で対立が顕在化した。

ブハーリンは危機の原因として「富農経営に対する課税の不十分な引き上げ」や「農村における富農の影響力の増大」を挙げてはいるが、しかし主要な原因を「本質上誤った価格政策、つまり穀物とその他の農産物の価格との大きなギャップを伴った価格政策」に見ていた（ブハーリン著作選2、74頁）。農民の利益の最大の擁護者であったブハーリンは依然として、ネップの有効性を信じており、非常措置をすぐに中止し、農民に譲歩して、穀物価格を引き上げるよう要求した。

他方、スターリンは危機の主要な原因を、穀物市場を左右するまでに成長したクラーク（富農）に見出し、農村にコルホーズやソフホーズという社会主義的な拠点を築く方針にしだいに傾斜するようになった。1928年から29年にかけての時期は、「左旋回」しつつあったスターリンと、それに抵抗し、ネップの枠組みを維持しようとしたブハーリンとの間で激烈な党内闘争がくりひろげられた時期であった。プレオブラジェンスキーなどのかつての左派は、スターリンの「左旋回」のうちに自分たちの見解の勝利を見た。指導者トロツキー

（1927年11月に党から除名され、アルマ・アタに追放され、1929年初めには国外追放された）を失った彼らはスターリンとの和解を期待した。そして彼らは「恐ろしい右派」から革命を守るためにあいついでスターリンのもとにはせ参じた（Lewin, 1974, p. 69）。ボリシェヴィキの分派禁止の原則によって縛られ、国民に向かっては「イソップの言葉」で語るほかはなく、闘争の土俵は党の上層部に限定されていたので、この勝負はブハーリンにとって著しく不利であった。

2　ブハーリンの対抗綱領と第一次5ヵ年計画

対抗綱領

　ブハーリンがスターリンとの闘争の過程で展開した多くの考えは、実際には採用されなかったとはいえ、今日の目から見ると注目すべき内容を含んでいる。これらはこの時期に発表された一連の論文や発言の中で展開されており、スターリンの路線に対する「対抗綱領」（M. レヴィン）とも言うべき性格を持っている。M. レヴィンの研究に依拠しながら、その内容を次に紹介しよう。⁽⁸⁾

〈ネップ──社会主義への漸進的な道〉

　ブハーリンは、都市と農村における私的企業家は長期的に

（8）以下の叙述は、ブハーリンの著作の邦訳による箇所以外は、すべて Lewin（1974）によっている。なお、ブハーリン理論の本格的研究には Cohen（1973）があり、これは塩川伸明氏によって翻訳されている。

は追い出される運命にあるとしばしば述べたけれども、彼は社会主義の深化を、駆逐された私的セクターが、たえず成長しすべてを包括する国家によってとって代わられる過程、というぐあいには見なかった。ブハーリンにあっては、ネップと市場のどちらも戦術的後退ではなく、全過程をつうじて有効な戦略であった。市場関係を一撃で、直ちになくすことは不可能であって、市場関係を通じる以外にわれわれは社会主義には到達しない、私企業家階級の駆逐は市場でのオープンな競争において、より効率的な社会主義的（国営、協同組合）企業が勝利することによってのみ可能である、とブハーリンは考えた。彼は「農民経済」を「資本主義経済」と混同するのは間違いだ、という結論に達した。彼は、農民の後進性はいっそうの前進にとって、それがゆっくりしたものであれば決して障害ではない、と考えた。また、彼は農民の革命的潜在力を完全に認識し、農民を「協同組合」を通じて社会主義的なものに「改造」することができる、と考えた。彼は協同組合的組織原則は長期的には「国家の死滅」に貢献するものと考えていたのである。

〈工業化と釣り合いのとれた成長〉

工業化論争の際、工業発展のプログラムとして「国家と農民との間の商業的循環を通じての蓄積」しか提示しなかったブハーリンもこの頃になると、工業発展のための蓄積資金をある程度農業から「汲み出す」ことを認めるようになった。ひとたび、農民の犠牲で蓄積を増やすという原則を受け容れると、ブハーリンにとっては、その方法と限界を指摘するこ

とが重要だと思われた。彼は釣り合いのとれた成長という考え方——これは第15回党大会決議の精神でもあるのだが——を非常に重視した。一時的に最大限の成長率を達成するのではなく、長期にわたる高い着実な——今日の表現では「最適」な——を達成することの重要性を力説した。彼は重工業への過度の強調に対して警告を与え、消費財の供給源としてだけでなく、いっそうの成長のための蓄積のよい源泉として役立ちうる軽工業の発展にも力を入れることを説いた。それに加えて、彼は小規模工業と伝統的手工業（クスターリ）の発展を奨励した。これらが供給するものは、工業的拡大の時期に資源が集中されて生じた物不足を緩和してくれるだろうと考えられたのである。1928年の党会議で、ブハーリンは重工業の優先的取り扱いと野心的な成長目標を受け容れたが、上限には既に到達していると考え、成長テンポの熱狂的な引き上げ（「テンポ病」）、重工業への過度の投資に反対した。

　この点に関しては、ブハーリンが1928年9月30日付『プラウダ』紙に発表した論文「経済学者の手記」を見るのが有益である。「新しい経済年度の開始によせて」という副題のついたこの論文はトロツキスト批判に名を借りて、スターリンがとりつつある路線を理論的に徹底的に批判したものであった。ブハーリンは工業の発展と農業の発展の相互依存性を述べたうえで、「工業の発展は農業の発展に依存するということを理解していない」（ブハーリン著作選2、65頁。傍点は原文のまま）として、暗にスターリンを批判する。ブハーリンは、過渡期経済（資本主義から社会主義への過渡）の相対的な無計画性から、「転倒され、裏返しに」された「恐慌」がやはり

ソヴェト経済に生じている、と説く（ブハーリン著作選2、55
－59頁）。彼によると、このとき、経済生活において次のよ
うな「パラドックス」が現出したという。すなわち、「都市・
農村間の取引の一般的増大のもとでの商品飢饉、つまり農村
の需要の不十分な（はなはだしく不十分な）充足ということで
あり、したがって、あたかも農業に対する工業の立ち遅れで
ある。しかし他面では——穀物に関連する困難、つまりその
需要に比して不十分な穀物の供給であり、それはあたかも農
業の立ち遅れである。またさらに工業生産の莫大な増加およ
び資本建設の膨大な増大と並んで同時にはなはだ顕著な商品
不足がある」（ブハーリン著作選2、66頁。傍点は原文のまま）。

　ブハーリンはこの「パラドックス」の解明に努めるのだが、
そのさいまず、「農村の需要の不充足」に問題を見て、そこか
ら「工業化を現在行われている以上に強化することが必要」
（ブハーリン著作選2、68頁）だと説くトロツキー（実はスター
リンのこと）を批判する。ブハーリンは、農村の購買力が増大
したのは穀物生産の発展によるものではなく、農民の農業外
の稼ぎによるものであり、農村に膨大な穀物が隠されている
という宣伝はお伽噺だ、と論じる（ブハーリン著作選2、71－
72頁）。そして、農村以外の需要に目を向け、1928/29年度の
工業製品の需要構造の試算を引用し、農村の需要は工業製品
の総需要のわずか23－25％にすぎないことを明らかにする。
工業製品の最大の需要者は実は工業自体（経常的生産および資
本建設のため）であった（総需要の37－39％）。「とりわけ、工
業自体も急激に記録的なテンポで発展しているので、工業製
品に対しても急激な需要を喚起するが、それを充足すること

は不可能である」（ブハーリン著作選2、79頁）。ここから、ブハーリンは、「工業は自分自身に対して立ち遅れている」（ブハーリン著作選2、79－82頁）というまさに逆説的な事実を明らかにする。これは、彼によると、工業が自己の発展において、その発展の限界に達していることを意味している、というのである。このようなブハーリンの論理からすれば、誤った価格政策の背後にある、穀物調達危機のより根本的な原因は、釣り合いを無視した工業の発展にある、ということになるのではないだろうか。ともかく、このような認識に立って、ブハーリンは、釣り合いを無視した工業の発展は破局的結果を招くと警告したのであった。

〈計画化と市場〉

ブハーリンはもちろん計画化の優位性を信じていたが、ふだん宣伝されているように、計画経済はそのことだけで初めから非計画経済（またはより少ない程度計画化された経済）よりも優れているとは考えなかった。計画の質と計画の遂行のされ方を重視した。正しい計画の限界と間違った計画の有害な結果を強調し、無能だが強力なプランナー（この場合、たんなる一プランナーのことではなく、国家権力をバックにした計画機関であることに注意）によってもたらされる損害と混乱は資本主義の計画されない自然成長性よりももっとひどい荒廃をもたらすだろう、と警告した。目標と資源の不一致を始めから許容する計画（たとえば、建設目標と必要な鉄鋼生産との間の20％のギャップを予測した当時の国民経済統制数字のように）は馬鹿げたことだと批判した。「将来の煉瓦では現在の工場を建

てられない」（ブハーリン著作選2、88頁）ことは彼にとって
まったく自明のことであった。そして彼は、目標を実現する
には経済のさまざまな諸部門間の調整と計画の内的一貫性の
確保が必要だと強調した。仮に計画が紙の上で内的一貫性を
持ったとしても、そのような一貫性はその遂行過程では欠け
ている。この段階ではまだ除くことのできない市場的諸関係
ならびに経済外のその他の自然成長的要因は理想的な命令的
な計画を不可能なものにしてしまう。あまりにも多くを計画
すれば、必要な柔軟性を欠くことになり、計画は効果的では
ありえなくなる。そこで、計画と市場との適切な結合が必要
となる、というのである。

〈計画化と国家〉
　このような計画化へのブハーリンの比較的注意深い態度
は、過大に野心的な計画はあまりにも多くのものを抑圧し、抑
制することに帰結するのではないか、という恐れから来たも
のであった。ブハーリンによると、「小営業者」——職人、小
商人、商工業家、小農業生産者——は国営や協同組合的な小
規模企業・サービス機関と並んで、工業化にとって不可欠で
あるだけでなく、補完的でもあった。彼らは、もっぱら大規
模プロジェクトに向けられた投資努力によって発生する現在
および将来の緊張を緩和することができるからである。その
ようなセクターを無視または撲滅すれば、緊張の時期におけ
る経済的操作のための有益な手段と可能性を国家から奪い、
その代わりに矛盾と危機の激化に導くことになるだろう。「小
営業者」の時期尚早の除去と官僚によるそれの代替は膨大な

費用のかかる非効率的な行政機構を生み出し、これが今度はそれ自身の自己持続的なダイナミズムをもって動き出すであろう。このように考えるブハーリンは「最小限への国家装置の縮小」（ブハーリン著作選2、118頁）を力説する。ところが、ブハーリンの目から見れば、党指導部は1928年には大量テロルなしには遂行できないコースに乗り出しつつあった。もっぱら抑圧的な行政的な方法は一つの抑圧的制度の創出に導くだけだと考えたブハーリンは1929年に、指導部は「農民に対する軍事的・封建的搾取制度」をうちたてつつあるとして告発した。しのびよりつつあった「リヴァイアサン[9]」に対抗して、ブハーリンは「コミューン国家」を提唱し、中央集権化の緩和、党内民主主義の拡大、諸問題へのより合理性をもった科学的アプローチ、大量強制の禁止、厳密に行政的な国家的措置への依存の抑制、漸進主義と説得という方法の優先を主張したのであった。

3　第一次5ヵ年計画

　第一次5ヵ年計画は1928年10月初めから実施され、1933年9月末に完了するものとされていた。計画が正式に採択されたのは1929年4月の第16回党協議会であった。この計画が採択されるまでかなりの曲折があった。「当時、ゴスプラ

（9）リヴァイアサンは『旧約聖書』に出てくる怪獣の名前で、神を除き、地上で最強のものである。17世紀イギリスの政治哲学者ホッブスは自分の著書の題名に用いた。

ンは、できるかぎり良心的に、与えられた条件の下で最善を
つくし、技術的、経済的計算に基づいた草案を作成しようと
努力していた。しかし、外部からの圧力は、たえずゴスプラ
ンの基準と考慮を歪めた。政治局から発せられる要求はただ
一つで、それが事実上他のあらゆる考慮に優先したが、それ
は『テンポ』の問題であった。最も『緊張した』計画、より
いっそう多く、より速く獲得することを意図する計画が最善
のものとみなされた」（レヴィン、1972、285 頁）。政治局から
来る圧力に抵抗することが危険だと悟った「計画担当者たち
は、その執務室での私的な会話の中では、穏健なテンポのた
めに刑務所に行くよりもむしろ速いテンポを受け容れる方を
選ぶと述べていた」（レヴィン、1972、286 頁）ということであ
る。政治局レベルでの闘争においては、この党協議会以前に
ブハーリン派は敗北し、ほとんど実権を失っていた。ブハー
リン派の敗北と軌を一にして、ゴスプランから多くの非ボリ
シェヴィキ的経済専門家や党員専門家が排除されていった。
こうして、ようやく第一次５ヵ年計画が党中央の前に提出さ
れたのである。
　この計画の具体的課題は社会主義的工業化と農業集団化で
あった。計画には最小限案（平準案）と最大限案（最適案）と
いう２つの案が用意され、いずれも野心的なものであった。
両者の差異は発展テンポの違いにあった。その開きは 20％
で、最小限案が６年間で予定していることを最大限案は５年
間で達成しようというものであった。両案は異なった前提条
件（予測）に立脚して立案されていた。農業の発展、世界経
済との結びつき、質的目標（労働生産性、収穫率など）の実現、

国際情勢と関連した国防費負担の大小という点で、最小限案は比較的厳しい見通しに立っていたのに対して、最大限案はきわめて楽観的な見通しに立っていた。この協議会で採択された最大限案は、かつてスターリンが批判したトロッキー派の工業化方針にもまして野心的なものであった。それ以前の5年間に社会主義セクターへ投資された111億ルーブリに対して、計画は1928年10月から1933年9月までの5年間に462億ルーブリもの大量投資を行うことを予定した。そのうち工業へは191億ルーブリ、うち重工業への147億ルーブリ（工業への投資の77％）、軽工業へは44億ルーブリ（23％）の投資を予定したことからもわかるように、この計画は重工業優先の工業化を目指すものであった。そのほか農業へは72億ルーブリ、運輸へは99億ルーブリ、通信は3億ルーブリの投資を予定していた。

　このような重工業優先の工業化を保証するためにかなり高い蓄積率が予定されており、しかも蓄積率は初年度の22.6％から最終年度の33.6％へと年々高めていくことが予定されていた。だが、この計画では同時に消費の絶対額も年々増大していくことが予定されていた、ということも見落としてはならない。工業化に必要な労働力の確保については、失業者（5ヵ年計画開始時において約110万人）のほか農村の潜在的過剰人口（約850万人）の存在が考慮に入れられていたので、楽観的に考えられていた。

　急速な工業化方針に象徴されるように計画は全体としてたいへん野心的なものであったが、ただ留意しておくべきことは、農業の社会主義的改造については最終年度における集団

化率が 15% というぐあいに慎重かつ控えめなペースで進められることが予定されていたことである。だから、計画の実施には大きな困難が予想されていたとはいえ、上島氏が言うように、「5ヵ年計画そのものはソ連における社会主義建設をネップのうちに進めるという構想を逸脱するものではなかったし、ましてやネップを放棄することがありうるということを前提したものではなかった」（上島、1977、162頁）。

4　大転換

　実際には、計画はそのとおりには実施されなかった。最大限案が立脚した前提条件は計画が正式に採択されるとまもなく、崩れてしまった。たとえば 1929 年 7 月 10 日、中国官憲が東支鉄道を武力で接収するという事件が起こった。この事件はこの年の暮ようやく解決した。その後も、1931 年に起こった日本による満州侵略はソ連に大きな脅威を与えた。これらの事件は、国防力と密接に関連した重工業をいっそう急速に発展させる方向で 5ヵ年計画を再検討させる要因となった。また同じく 1929 年 10 月には世界恐慌が起こり、ソ連にとっても世界市場における交易条件は悪化した。

　しかし、計画遂行にとって大きな影響を与えたのは以上のような国際的要因よりもむしろ国内的要因、とくに農業問題であったように思われる。農業生産は前年よりも減退し、穀物調達危機はなおも続いた。この年の 11 月、ブハーリンは政治局員を解任され、同じく政治局員のルィコフ（人民委員会議議長）とトムスキー（全連邦労働組合中央評議会議長）には厳

重注意が申し渡され、ブハーリン派は党内闘争において最終的な敗北を喫した。かくして政治的な障害のなくなったスターリンは1929年12月27日に突如、「大転換」[10]を行うのである。ソ連では富農を「クラーク」[11]と呼んでいたが、それまでの「クラークを制限する」政策から一転して、「階級としてのクラークの絶滅」政策を伴う上からの全面的農業集団化が開始された。農業の社会主義的改造のさいの農民の自発性を尊重することを強調したエンゲルスの周知の命題も無効と宣言された。大きな混乱を伴いながら、急速なペースで農業集団化が進んだ（表3参照）。

　農業の社会主義的改造を進めるためには農村に大量の農業

---

(10) このような重大な決定が国家の正式な機関で議論して決まったのではなく、スターリンと若干名の取り巻き（モロトフなど）によって決められた。

(11)「クラーク」（富農）の定義は一応存在した。課税の必要上、財務人民委員部が1929年3月に定義を作成し、5月に人民委員会議が承認した。しかし、全面的集団化が始まると、「コルホーズに賛成しないものは誰でもクラークの友であり、権力の敵である」と説明され、「クラーク」は政治的概念になった。党と政府はクラークを3つの範疇に分類した。①最も富裕な者と反革命活動に最も積極的に参加した者、②「経済的に強力で」、「その隣人を無慈悲に搾取するという」罪を犯したクラーク、③それほど悪質と見なされなかった者。①は、全財産の没収と裁判にかけられて重労働または強制収容所の刑を宣告され、その家族はシベリアに流刑にされた。②は、全財産の没収と、国の北部への流刑を宣告された。その家族は現地の執行委員会が許可

表3　農業集団化の進展

年度 集団化率	1918	1927	1928	1929	1930	1931	1932	1937
農家戸数で見て	0.1	0.8	1.7	3.9	23.6	52.7	61.5	93.0
播種面積で見て			2.3	4.9	33.6	67.8	77.7	99.1

出所：『ソ連邦の農業・統計集』1960、9頁。
備考：各年度とも7月1日現在。

機械を供給することが必要であったので、急速な農業集団化自体、工業化の加速を必要とした。1930年以降、経済年度を暦年と一致させたことと関連して、第一次5ヵ年計画は1932年末に完了するものとされ、「5ヵ年計画を4年間で」というスローガンと共に、全国的に社会主義競争が繰り広げられ、

すれば現地にとどまることが認められた。実際には、大多数の場合、この家族全体が流刑にされた。③は、部分的クラーク清算しか受けず、現地にとどまったか、追放されても、州の境界内であった。このクラーク清算活動には、労働組合によって派遣された増援部隊が主要な役割を果たした。農村では10年前の国内戦の雰囲気さえ作り出された。クラーク清算の執行者は、往々にしてたんなる無頼の徒党の振舞いをし、クラークを略奪しながら、食らい、飲み、「痛飲乱舞の宴」をくりひろげたという。中農にも激しい打撃が加えられた。非合法の手続きにたいしてとき抗議を試みた検事は「右翼偏向」と非難され、左遷された。反クラークの活動は1929-30年の冬から1932年末まで三波にわたって展開された。コミンテルン執行委員会でのモロトフの報告によると、没収された農民の数は確実に120万－130万戸ないし600－700万人を超えた。以上は、レヴィン（1972）、第17章「クラークの清算」（393－419頁）の要約。

工業化が一段と急速に進展した。スターリンの経済指導に見られた大きな特徴は主意主義であった。あたかも全能の計画機関の意志は客観的な過程をも思いのままに左右できるかのようであった。5ヵ年計画の期間、計画のたびたびの変更が見られた。最初の計画では日程にのぼっていなかったいくつかの重要な新しい建設計画が開始された。また、すでに実施されていた建設計画も目標を高められたり、完成予定期日を早められたりした。目標もたびたび引き上げられた。一例を挙げると、最初の計画では、銑鉄生産は5年間に倍以上に増大して、最終年度には1000万トン生産される（このこと自体困難だとして、専門家は実現を疑問視した）ことになっていたが、スターリンの一声で1700万トンというとてつもない野心的な目標に変更された（メドヴェージェフ、上巻、172－173頁）。もはや計画にはこだわらず、計画の中でかかげられている目標を超過達成することが望ましいこととされた。工業への投資は、計画では5年間に191億ルーブリ予定されていたのに対し、実際には、4年3ヵ月で248億ルーブリにのぼった。とくに重工業への投資は147億ルーブリの予定に対し、実際には213億ルーブリにのぼった（1.45倍、工業全体の86％）。軽工業への投資は計画の44億ルーブリに対し、35億ルーブリにとどまった（2割減、工業全体の14％）。このように計画以上に優先的に重工業へ投資されたのである。

　こうして見ると、第一次5ヵ年計画期における重工業優先の工業化は実はプレオブラジェンスキーの「社会主義的原始蓄積」に基づく加速度的な工業化という方針をスターリンが実施したものだ、という西側で有力な見方が成り立ちそうで

ある。たとえば、F．シートンは次のように言う。「スターリンは右派の力をかりて左派の領袖たちを粛清したのであるが、もはや彼らを粛清してしまった後は自分自身の個人的権威をおびやかすような者はいなくなり、したがってだれを顧慮することなく自由に左派的企画を実行することができるようになった。かくして1927年から29年にかけて経済政策は大転換し、スターリンは自分自身がいま追放し粛清したばかりの左派の見解を逆に採用し始めたのである」（シートン、1959、123頁）。

　このような見方をソ連の研究者は絶対に認めようとはしなかった。しかし、あのような急速な蓄積がいかにして可能になったかを問題にし、実際に工業化の蓄積源泉を見ていくと、いま紹介した西側の見方を否定するのは困難である。工業化過程において国家財政がフルに作動した。大づかみ言うと、社会主義セクターの利潤が主として取引税と利潤控除の2経路を通じて、また住民（大部分は農民）の資金が工業化債券や租税という形で国家財政に吸い上げられ（住民の資金は国家財政のなかの16〜18％）、ここから重工業へ重点的に振り向けられたのである。だが、国家財政に関する資料だけからは、工業化に際しての農業の負担はよくわからない。この点で注目すべきは、ソ連の経済学者 A・A・バルソフの研究である。[12]

5　バルソフによる分析

　バルソフの研究の特色は、都市（工業）と農村（農業）との間の物質的諸関係を考察する際に価値視点を導入したこと

である。ソ連では、工業製品の価格が割高で、農産物の価格が人為的に低く設定されていた。農産物の調達価格が低く設定されている一方、1928年の穀物調達危機以降、非組織的市場では農産物価格が猛烈に上昇したという事情があって、実際には農業が工業化にどの程度寄与したのか、よくわかっていなかった。だから、『ソ連邦価格形成史』の著者マラフェーエフのように、「資金の再分配は農業から工業へではなく、逆に工業から農業へ行われた」と言う余地も出てくる。バルソフは、工業製品価格が相対的に高く、農産物価格が相対的に低い（こういうことは世界市場価格を基準にして見ると、いっそう顕著である）という条件の下で、工業と農業の関係、都市と農村との関係をそのまま見ても、工業化への農業の実際の貢献度は正確にはわからない。それゆえ、彼は、価格を「価値」に近いと考えられる計算価格に置き換えたうえで、都市（工業）と農村（農業）のモノの交換を比較する。労働価値説

---

(12) バルソフの研究はソ連科学アカデミーによって1969年に出版された。バルソフは、序文では、ソ連の学者の通例に従い、マルクス、レーニン、ブレジネフの発言をそれぞれ1回引用しながら叙述するが、後は膨大な統計データの分析を淡々と叙述しているのであるが、それの意味するところは衝撃的であった。バルソフは無名の研究員であったが、この研究は数年後、西側の研究者の注目を集めるようになった。私はバルソフの1968年の論文を全訳した（『海南経済学』第5号（1977年）に掲載）。1969年の著書を私が約4分1程度に要約しながら翻訳したものは『アジア経済』第17巻・第10号および第11号（1976年10月、11月）に掲載されている。

に立たなくとも、この方法は正当化できる。というのは、計算価格は 1913 年の世界市場価格に近似しているからである。

彼は、価値視点から見た都市と農村との間の交換のバランスを作成し、そこから、第一次 5 ヵ年計画期に農業は他部門へ（結果的には工業化のため）かなり巨額の剰余生産物を再分

表4　社会的セクター別に見た農業と非農業部面
との間のバランス　　（単位：100 万ルーブリ、計算価格 *）

	農業全体	ソフホーズ	コルホーズ的=協同組合的セクター			私営セクター
			社会化経営		コルホーズ農民の個人副業経営	
			コルホーズおよびMTS	コルホーズの社会化経営		
1930年						
1. 農業の商品生産物	4814.7	250.4	1,189.1	1,189.1		3,375.2
2. 農業が受け取った工業商品	2.357.7	300.4	281.9	250.2		1,775.6
3. 差額 (2-1)	-2457.0	50.0	-907.2	-938.9		-1,599.6
4. 等価係数 (1:2)	2.04	0.82	4.22	4.75		1.9
1931年						
1. 農業の商品生産物	4,882.4	253.9	2,187.3	2,187.3		2,441.2
2. 農業が受け取った工業商品	2,105.6	461.3	490.2	282.3		1,551.1
3. 差額 (2-1)	-2,775.8	207.4	-1,697.1	-1,905		-1,286.1
4. 等価係数 (1:2)	2.31	0.55	4.46	7.75		2.11
1932年						
1．農業の商品生産物	3,780.5	211.7	1,977.2	1,977.2		1,501.6
2. 農業が受け取った工業商品	1,949.9	415.3	702.0	426.5		832.6
3. 差額 (2-1)	-1,830.6	203.6	1,275.2	-1,550.7		-759.0
4. 等価係数 (1:2)	1.94	0.51	2.82	4.64		1.91
1933年						
1．農業の商品生産物	3,529.7	478.3	1,992.5	1,992.5	1,058.9	
2. 農業が受け取った工業商品	2,152.4	248.6	1,045.8	627.7	858.1	
3. 差額 (2-1)	-1,377.3	-299.7	-946.7	-1,364.8	-200.8	
4. 等価係数 (1:2)	1.64	1.92	1.37	3.17	1.23	

出所：A. A. Barsov (1974), p. 101.
備考：＊価値に近く換算した価格。

配していた、という事実を明らかにした。しかも、バルソフは、農業の剰余生産物の他部門への再分配が不等価交換によって行われた、はっきり認めている。たとえば、1931年の交換の等価係数は 2.31 となっている（表4参照）が、これは、農業は他部門から1単位の生産物を受け取るごとに 2.31 単位の農産物を他部門へ渡していた、ということを意味している。そして、1928年においては工業化に充てられた資金のうち 69％までもが農村から来たものであった。以上の事実から、この時期の急速な工業化は実は農民の大きな犠牲（もっとも、バルソフは犠牲とは言わず、「工業化への農民の偉大な貢献」というのであるが）の下で進められたことがわかる。まさに社会主義的原始蓄積とさえ呼びたくなるほどである。

けれども、この時期に農民だけが大きな犠牲を払ったと見るのは不正確である。農民に限らず、労働者も大きな犠牲を払っていたのである。この点については、西側の研究者、たとえば N. ジャスニーは早くから強調してきた。[13] 1970年代になると、ソ連においても同様の見方を示す研究が出始めた。たとえば、ロイ・メドヴェージェフは「……1930年にはすべての部門の工場労働者の実質賃金が、1927-28 年の水準よりも低かった……。1931年以来、食糧と工業製品の価格指数はもはや公表されなかった。だが、これらの生産物の消費量の低下は、1931-32 年にも実質賃金の低下が続いていたことを示している」と述べている。[14] このような見方をやはりバルソフの

---

(13) Jasny (1961), pp. 109-110.

(14) メドヴェージェフ、178 − 179 頁。

表5　1928〜32年における利用国民所得（1928年価格）

	1928年	1929年	1930年	1931年	1932年
1.　国民所得（100万R）	25,003.1	27,376.5	32,407.5	36,374.0	40,100.0
対1928年度比	100.0	110.5	131.4	146.5	162.2
対前年度比		110.5	118.9	111.4	110.2
2.　消費（100万R）	21,305.7	22.575.2	23.177.2	22.705.2	22.375.8
国民所得に占める比重（％）	85.7	82.2	70.9	60.2	55.8
対1928年度比	100.0	106.0	108.9	106.6	105
対前年度比		106.0	102.7	98.0	98.5
内訳					
工業および建設生産物（100万R）	14,951.6	15,886.4	16,814.9	16,533.8	16,905.9
農業生産物（100万R）	6,354.1	6,688.8	6,362.3	6,171.4	5,458.9
3.　蓄積（実質蓄積）＊（100万R）	3,697.4	4,801.3	9,230.3	13,668.8	17,724.2
国民所得に占める比重（％）	14.3	17.8	29.1	39.8	44.2
対1928年度比	100.0	130.0	249.6	369.6	479.3
対前年度比		130.0	192.0	148.0	129.7
内訳					
工業および建設生産物（100万R）	2,503.9	4,653.5	9,010.5	13,324.7	17,462.6
農業生産物（100万R）	1,193.5	147.5	219.8	344.1	261.6

出所：A. A. Barsov (1969), pp. 90-91.
備考：R はルーブリ。＊減価償却分を控除。

研究も裏書きしている。

　ソ連における従来の多くの研究書は、この期間の物価上昇という問題に目をつぶり、工業化が住民の消費を向上させながら進行した、と単純に論じてきた[15]。ところが、バルソフは1928－32年における利用国民所得をすべて1928年価格に直

---

(15) たとえば、ソ連邦科学アカデミーから出されたグラトコフ編の経済史文献（p.102）は、国民1人当たり消費は1928年を100とすれば、1929年には101.5、1930年には106.2、1931年には112.0に高まった、と論じている。

して、価格変動という要因を除去した新しい表を作成した。それが**表5**である。この表からは次のようなことがわかる。まず第1に、蓄積率が年々高まり、とくに1930年以降急激に高まり、30年には29.1％、31年には39.8％、32年には44.2％というとてつもない高い割合に達している。第2に、これに伴い、消費が年々相対的に減少するのは当然だが、それだけでなく、1930年をピークとして絶対的にも減少している。その内訳を見ると、工業生産物および建設生産物はほとんど横ばいだが、農産物の形をとった消費は1929年をピークとして、以後減少している。そのほかに、バルソフは、1932年における農産物消費は1928年と比較して人口1人当たり、都市においては27.5％減、農村においては28.1％減であった、という事実を報告している（Barsov, 1969, p. 95）。ソ連の労働者、そして農民もまさに英雄的な犠牲を払いながら、ひたすらに工業化に邁進したのであった。

6　計画の遂行状況

　これだけ大きな犠牲を払った工業化の結果はどのようなものであっただろうか。まず初めに、ソ連の発表する若干の数字をそのまま引用しておこう。

　工業生産高は4年3ヵ月の間に124％増加し、計画は97.3％達成された。なかでも、重工業はこの期間173％増加し、計画は108％が達成された。だが、その反面、軽工業は56％の増加にとどまり、計画は未達成に終わった。年平均成長率は、重工業が28.5％で、軽工業は11.7％であった。工業化の

表6 第一次5ヵ年計画の遂行状況

	計画初年度	計画目標	遂行状況
I 社会主義的工業化			
工業生産高（初年度=100）	100	230	224
II 社会主義的社会化			
社会主義セクターの比重（%）			
工業生産物	79.5	92.4	99.5
農業生産物	1.8	14.7	76.1
小売り取引高	75	91	100
国民所得	44	66.3	93
農業集団化率（戸数で）	1.7	20.0	61.5
商品穀物中にソフホーズとコルホーズが占める比重	7.5	42.6	84
III 経済的自立度			
供給量に占める比重（%）			
国産設備	67.5		90以上
国産工作機械	33		46

出所：Eidel' man (ed.) 1968, p. 73.

結果、設備や工作機械の自給率は向上した。農業生産は5年間に1.5倍になるはずであったが、1931年と32年の不作のほかに、農業集団化の際の混乱（農民の抵抗、家畜の大量屠殺など）も加わって、目標を達成することはできず、生産はむしろ減退した（表1参照）。農業集団化は計画を上回る速いペースで進み、その結果、農業生産物のうち、社会主義セクターで生産された生産物の比重は76.1％を占めるようになった。とくに商品穀物中に占めるソフホーズとコルホーズの比重は84％に達し（表6参照）、穀物調達量はともかく工業化を支えることのできる水準にまで高まった。「国家資本主義形態としての工業企業の賃貸は1930年までに事実上、存在しなくなった」（グラトコフ、p.206）。「ネップ導入の初期において若干の

重要な役割を演じた私的工業は社会主義（国有・協同組合）工業の成功的発展の結果、事実上、第一次5ヵ年計画期の最初の時期に完全に駆逐された」（同上書、p. 210）。1926/27年にはソ連の全工業労働力の57.1％を占め、全工業生産の22.4％を占めていた小規模工業（クスターリ工業など）は急速に比重を低下させていった（同上書、p. 211）。1928年には工業生産高の17.6％を占めていた私的セクターは1932年にはわずか0.5％にまで縮小した（同上書、p. 210）。農業やその他の諸部門を合わせて考えると、国民総所得のうち、社会主義セクターで創出された国民所得の比重はいまや93％にまで高まった。流通の部面でも社会主義セクターが100％掌握した。

　さて、これらの数字をどう評価したらよいか。ソ連が発表する工業統計には過大評価（中間生産物の二重計算や物価上昇要因の無視などによる）があるとして、西側の経済学者は早くから「正しい」数値の推計方法を論じてきたことは周知のとおりであるが、ここではその問題に立ち入るつもりはない。ただ一つの極端な見方を紹介しておきたい。元メンシェヴィキで亡命ロシア人の経済学者N・ジャスニーはその最後の著作の中で、この時期の工業化の努力が質的目標の犠牲による量的目標の追求や多くの混乱を伴い、しかも量的にはたいした成果をおさめず結局、大きな犠牲を払いながら、あたかも徒労に終わったかのように論じている（Jasny、1972, pp. 42 −52）。

　これに対して、イギリスの経済学者R・W・デイヴィスはその書評の中で、ジャスニーは「バイアス」を免れておらず、彼の叙述の中では「1928 − 32年の資本建設のドライヴから

もたらされる業績は記録されず、まったく無意味な実践だと見えるようにされた[16]」と的確に批判しているが、現実を冷静に見つめようとするデイヴィスの研究態度はわれわれも学ぶ必要があるように思われる。確かにこの時期の工業化は、分散投資や混乱による資源と労働力の莫大な浪費を伴ったけれども、ドニエプル水力発電所、ウラル・クズネック・コンビナート、ウラル機械工場、ロストフ農業機械工場、チェリャビンスクやスターリングラードのトラクター工場、モスクワとソルモーヴォの自動車工場、ウラル化学工場、クラマトルスクの重機械工場など約1500の大企業が建設されたという客観的事実は残るのである。また自動車やトラクターの製造、化学工業など帝政ロシアには存在しなかった新しい工業部門も確立された。

　同じ時期に資本主義諸国は1929年に始まった未曽有の規模の世界恐慌にみまわれ、大幅に生産を減退させ、大量の失業者を抱え、不況の底にあえいでいた。このとき、ただソ連のみが「景気循環」を経験することなく、失業どころか逆に労働者不足に悩みながら、大規模な工業建設に取り組み、前進したことは、資本主義諸国の停滞とは鮮やかな対照をなした。この時期に建設された重工業がソ連の国防力強化に繋がり、ひいては第二次世界大戦におけるソ連の勝利に貢献したことは疑いをいれない。だが、ソ連における社会主義建設をこの一点でのみ評価してよいだろうか。多面的な評価が必要であろう。

（16）Soviet Studies, Vol. 25, No. 1, p. 130.

7 「転換の不可避性」の検討

　ここで検討すべき一つの問題にぶつかる。それは1929年末の「転換の不可避性」という問題である。このことはブハーリンをどう評価するかという問題とも関連する。これまでには、次のような理由で、1929年末のスターリンによる大転換を正当化する議論があったが、簡単にコメントしておきたい。

①国際情勢
　ソ連の研究書では、全面的農業集団化の上からの強行は当時の厳しい国際情勢のためなされた、と説明されている。だが、M・レヴィンは、当時のソ連共産党の指導部は全面的農業集団化を上から強行する際、国際情勢という要因をまったく考慮に入れなかった、と説明している（レヴィン、401-402頁）。厳しい国際情勢うんぬんは、レヴィンに言わせれば、あと知恵による正当化だということになる。ドイツにおけるナチスの台頭を前にして、当時、少なくとも1934年まで、ソ連共産党はそれほど警戒的ではなかった、ということが今日ではよく知られている。とすれば、レヴィンの主張にもかなり根拠があるということになる。

②クラークの成長
　このときまでに成長したクラーク（富農）が穀物を売り惜しみ、工業化の障害になった、という議論が有力であった。し

かし、むしろそれ以前から穀物調達価格が低いままに据え置かれ、私的市場価格との格差が大きくなった（1927/28年には75％、1928/29年には134％、Barsov, 1969, p. 30）という価格政策における失敗が穀物調達危機の一因になった、と考えることもできよう。また、当時の富農は西ヨーロッパ的基準からすれば比較的零細であった。富農の存在をもって直ちに資本主義復活の脅威を強調するのは疑問である。

③固定資本の更新問題

　たとえば、上島武氏はその著書『ソビエト経済史序説』の中で、「穀物危機はたんなる調達不足でも、たんなる農村危機（クラークの台頭）でもなく、実はネップの諸矛盾の総合的相乗作用の帰結」（上島、1974，126頁）だと論じ、とくに固定資本の更新問題を重視して次のように述べている。「ようやくこの時点にいたって国有工業は本格的な建設期を迎え、とくに広範な重工業の分野に大量の新投資需要を生じたことにより、従来のような蓄積方式を踏襲することも、控え目な発展テンポを維持することも、現実には、ほとんど物理的に不可能となったのである。……従来であれば許容しえた調達不足も、これに対応する調達価格の引上げ、また工業製品の価格引下げももはや経済的・物理的に不可能であった」（上島、1977、268頁）。上島氏は、ここでネップは行き詰まり、ネップの枠組みを超える新たな政府への転換が不可避となったと見ており、ロイ・メドヴェージェフが言うような、ネップはまだ有効であったのに「期限前」に廃止された（メドヴェージェフ、225頁）、という見方には否定的である（ただし、この転

換がスターリンによって最も拙劣なやり方で行われたと見るのであるが）。そして、この「転換の不可避性」の認識に立って、上島氏はブハーリンたち右派指導者たちを「1928年はじめ以降に展開される質的に新しい状況、そこで提起される質的に新しい諸課題に対して迅速に適応しえず、従来の政策体系とその一般的諸前提に執着して、ついに『主要危険』の立場を代表する存在に転化した」「右翼偏向」（上島、1977、214頁）だとし、この「右翼的偏向」の克服はたしかに不可欠だと論じられるのである。[17] ネップはあの時点で重大な困難に陥ったことは確かであったが、「転換」はどの程度不可避的であったのだろうか。固定資本の更新問題の過大評価ではないだろうか。この点についてアメリカの経済学者D・グラニックも、当時のボリシェヴィキの指導者たちの間で叫ばれていた、固定資本の更新の遅れがもたらす危険はかなり誇張されたものであった（Granick, 1967, pp. 135 - 136）、と論じている。

④重工業の建設→国防力強化

　これは③とも関連するのであるが、スターリンの指導の下での重工業優先の工業化によってともかく重工業が創出さ

（17）上島、1977、236頁。上島氏のこの著作は「スターリン批判」という問題意識を内在させながら、1920年代のソ連経済史を解明した優れた研究であり、私も多くのことを学ばせていただいた。けれども、上島氏は「転換の不可避性」を論じることによって、意に反して、結果的にはスターリンによる「大転換」を是認される形になったのは残念である。

れ、国防力が強化されそのおかげで第二次世界大戦にも勝利することができたが、ブハーリン路線ではそれは不可能であったであろう、というよく言われる議論がある。これははなはだ疑問である。スターリン路線にはプラスもあったが、それ以上にマイナスの方が大きかったのである。ブハーリンはスターリンの政策は破局的結果を招くとして、スターリンに反対し、そして失脚したけれども、今日あらためて冷静に第一次５ヵ年計画の遂行結果を検討してみると、ブハーリンの不安、予測は的中した、と言えるのである。たしかに第一次５ヵ年計画の遂行によって重工業は躍進したけれども、消費財工業は停滞し、農業生産はむしろ減退した。重工業についても、あれほど大きな犠牲を払って投資したにもかかわらず、それに見合う成果は得られなかったのである。Ａ・Ａ・バルソフは異常に高い蓄積率が工業の発展自体に及ぼす悪い影響を指摘する。彼は、第一次５ヵ年計画期において蓄積率の年々の急上昇とは裏腹に、国民所得の増加テンポが鈍化していること（**表５参照**）、そして1933年、すなわち蓄積率が44.2%にまで跳ね上がった年のまさにその翌年において工業生産がわずか５％しか増加していないことを問題にする。これは、バルソフによると、消費財商品の不足が勤労者の物質的関心に否定的に反映し、生産効率にも悪影響を与えたためである（Barsov, 1969, p. 95）。そしてバルソフは、ブハーリンには言及しないけれども、「1931年と1932年の蓄積率は、何よりもまず農業生産水準の低下を考えると、極度に高すぎて、最も急速な工業化という課題を解決する最適な条件にとても合致するものではなかった、と推定しないわけにはいかない。その

ような課題は、直積率をそれほど高めずに、消費フォンドを増加し、さらに物質的刺激と社会的労働生産性向上のためのよりよい条件を作り出しながら、達成できただろう」(Barsov, 1969, p. 96) と指摘するのである。また、ロイ・メドヴェージェフも次のように述べている。「1932年と1933年は、国民経済の危機のときであった。農業生産は最低点に達し、多くの農村地域で飢饉が始まり、工業労働者階級もまたその生活水準の急激な悪化をこうむった」(メドヴェージェフ、174頁)。このために党および政府は、1933年から1934年にかけて一連の調整政策をとることを余儀なくされた。だから、1934年1月の第17回党大会で採択された第二次5ヵ年計画では、重工業の年平均成長率の14.5%に対して消費財工業のそれは18.5%とされたのである（もっとも、後にこの目標は無視されたのだが）。したがって、ブハーリン路線を採用していたら適時に重工業が建設されなかっただろう、という議論は成り立たないのである。

　以上のように、私は「転換の不可避性」に対して根本的な疑問をいだくものである。

8　大転換の帰結

　結局、スターリン路線はそれ自身の矛盾により、スターリンの意図にも反して、ブハーリン路線よりも急速な工業化を実現することができなかった。それだけではない。スターリン路線、すなわち「大転換」、計画以上に強度の重工業に傾斜した投資ならびに上からの全面的な農業集団化の強行は、む

しろ国内的に不団結を作り出し、社会を危機に陥れた。かくして、ソヴェト社会主義の中で抑圧体制を恒常化させていった。1920年代においては1つの価値体系、一つの教義が社会を支配することはなく、多様な価値体系が併存していた。党とさまざまなグループのインテリゲンツィアや専門家との協力が広範に見られたし、党員・非党員を含めて相互の間で活発な論争を繰り広げることができた。スターリン路線の展開は、当然生じうる異論や抵抗を論争や説得で解決するのではなく、上から強圧的に排除していく過程でもあった。非ボリシェヴィキ的専門家はまずシャフトィ事件裁判（1928年5月）を手始めに、産業党裁判（1930年11-12月）、メンシェヴィキ裁判（1931年3月）、ヴィカーズ技師裁判（1933年4月）と次々にやり玉にあげられていった（Jasny, pp. 61 – 71）。キーロフ事件（1934年12月）を契機に1930年代後半はソ連共産党内部においても、この過程が展開されていった。

　小営業者は短期間に国営企業に吸収されるか、とって代わられ、国有セクターは見る見るうちに膨れ上がっていった。ＢＣＨＸ（最高国民経済会議）は部門別工業省へと再編されると共に、中央集権的・管理制度が完成した。まさにブハーリンが恐れていたとおり、ひとたび出来上がった膨大な費用のかかる非効率的な行政機構はそれ自身の自己持続的なダイナミズムをもって肥大し続けた。

　農業の社会主義的改造について再び言及すれば、集団化率は1932年には77.7％（播種面積で見て）、そして1937年には99.1％にまで高まった。ここから、農業を含めて国民経済においてほぼ100％近く社会主義的所有が成立したことをもっ

て、ソ連において社会主義が勝利し、過渡期は終了した（「社会主義の基本的成立」）と公式に説かれるようになった。しかし、これはきわめて形式的な見方だと言わなければならない。工業化の成果に上に立って、農業集団化を行うことができず、むしろ現実には工業化を推進するために、穀物調達危機を解決するという契機が優先されてきわめて短期間に農業集団化が行われたために、出来上がったコルホーズは社会主義農業と呼ぶにふさわしい物質的裏付けを欠いていた。農村にはあとからトラクターやコンバインなどの大型農業機械が供給されたものの、家畜の大量屠殺による痛手は大きく、農村における牽引力はピークであった 1929 年水準を 1938 年まで回復することができなかった（Jasny, pp. 61 - 71）。農業が工業化の際の蓄積源泉として利用されたことはすでに述べたとおりである。バルソフが作成した表 5 を再度見ていただきたい。たとえば、1931 年をとって見ると、農業と非農業部面との間の交換の等価係数は 2.31 であるが、その内訳を見ると、コルホーズの社会化経営と非農業部面との間の等価係数は 7.75（つまり、コルホーズの社会化経営は非農業部面から 1 単位の生産物を受け取るごとに 7.75 単位の農産物を非農業部面へ渡していたことを意味する）である。ここでは引用を省いたが、バルソフが作成した「農業（セクター別）対国家」の関係を示すバランス表は、同じく 1931 年においては、コルホーズの社会化経営と国家との交換の等価係数は実に 8.66 という高い数字を示している（Barsov, 1969, p. 149）。1930 年代をつうじて、国家調達価格はきわめて低い水準に据え置かれ、そのため、穀物やジャガイモなど、多くの農産物の価格は原価すら補填しな

かった。コルホーズ農民は住宅付属地での副業経営で自らの労働力をかろうじて再生産することができたのであった。こうした国家と農民との関係は第二次世界大戦後のフルシチョフ農政の出現まで基本的には変わることはなかった。これが1930年代に上から強行的に作り出された「社会主義農業」の内実であった。

　「大転換」以後の社会主義建設は遅れた農民国を工業国に転化した。この過程は、いままで見てきたように、ソ連社会ならびにソ連共産党そのものをも根本的に作り変えてしまった。M・レヴィンの定式化を借りれば、ネップの廃墟の上に1930年代に登場した計画経済のスターリン・モデルは次のような特徴を持っていた（Lewin, pp. 113-114）。

①経済的意志決定と計画化の高度の集権化
②計画化の包括的な性格
③計算手段としての物量単位の選好
④計画の内的一貫性を確保するための「物財バランス」の使用
⑤配給制度として機能する資材供給のための集権化した行政機関
⑥計画が命令的かつ詳細に及ぶという性格
⑦工場内部の位階制的に組織された行政機関
⑧市場カテゴリーとメカニズムを第二義的役割に、主として個人的消費と労働の分野に追いやること
⑨経済だけでなく生活その他の分野の普遍的な支配と国家主導化を伴う、経済の直接的な組織者としての国家による強制。

さらにこれらを補足すると、政治的には党と国家との融合・癒着・一体化、言い換えれば党の「国家化」(渓内譲、1978、参照) とも言うべき事態が完成したのである。1930年代に作り変えられたソ連社会は以上のような独特な特徴を刻印された「社会主義」なのである。そして、第一次5ヵ年計画期の特殊な、そして間違ったソ連の経験を普遍化して第一部門(生産手段生産部門)の優先的発展が「法則」にまで高められ、戦後、消費を犠牲にした重工業優先の工業化路線が東欧諸国に押しつけられたのである。

結　論

　「大転換」は、われわれに目的と手段の相互関係という問題の再考を促している。過酷な国内戦が終了し、平和的な社会主義建設に取り組みつつあった1920年代のソ連において、いち早くこの問題に気づいたのはブハーリンであった。彼は、もっぱら抑圧的な行政的方法は一つの抑圧的制度の創出に導くだけだ、と考えていた。彼は国家セクターの肥大化傾向に警鐘を鳴らした。彼の目から見ると、「過去からの強力な傾向は確かに重要な要因であるとはいえ、ソヴェト国家の形状とその官僚制の性格は『残存物』ではなく、ソヴェト史の『創造物』」であった。

　ブハーリン自身、1920年代に左派との闘争においてスターリンと協力してきたのであり、スターリン主義の出現を許したという点で、責任を負わなければならない。けれども、1920年代末のネップの危機に際して、ブハーリンはいち早く「リ

ヴァイアサン」が出現する傾向に気づき、全力をあげてその傾向と闘った人物として再評価されるべきである。彼が「未来の死刑執行人」と手を組まずに、もっと早く左派と右派は同盟を組んでいたら、と残念がる人もいるだろう。そう悔やんでもはじまらない。メドヴェージェフも言うように、「既に起こったことがもはや変えられないのは当然である。だが、それにもかかわらず、異なった選択と失われた可能性の研究も、歴史と歴史家の対象でなければならない」（メドヴェージェフ、1977、33 頁）。

第2章　ソ連型社会主義の空間的拡大

1　第二次世界大戦前史

　東欧社会主義の成立を理解するためには第二次世界大戦と独ソ不可侵条約を考える必要がある。斉藤孝（1965）と斎藤治子（1995）の著作に基づいて、この問題を説明しよう。第一次世界大戦で敗北したドイツはヴェルサイユ条約により、領土を縮小され、軍備を禁止されたうえに多額の賠償金の支払い義務を課せられた[1]。ヒトラーはナチ党を設立したが、1920 年代前半、選挙では有権者の支持は少なく、ナチ党は弱小政党にすぎなかった。1929 年 10 月にニューヨークのウ

（1）フランス人は 1871 年の普仏戦争でプロイセンに敗北し、屈辱的な扱いを受けたことに怨念を持っていた。1919 年 1 月に始まったパリ講和会議では、フランス首相クレマンソーは徹底的にドイツを叩きのめし、二度と立ち上がれないようにする必要があると主張し、多額の賠償を要求した。賠償交渉のためのイギリス代表団の一員であったジョン・メイナード・ケインズはその後に出版した著書『平和の経済的帰結』（1919 年）のなかで、ドイツの支払い能力を超えた賠償は、後でドイツで社会不安を生むだろうと警告した。賠償額はようやく 1923 年にドーズ案でまとまったが、その後 1928 年のヤング案で賠償額は軽減された。中矢（2021）、松川（2011）。

ォール街での株価の大暴落に端を発した大恐慌は世界経済を
直撃した。それまではアメリカ資本のドイツへの流入、ドイ
ツによる賠償の支払い、そして英仏による対米戦債の返済と
いう国際金融のいわゆるメリーゴーランドで世界経済は回っ
ていたのに、これが破綻したので、各国経済は深刻な経済危
機に陥った。とくにドイツでは労働者の3人に一人が失業者
という状態にあった。このような状況下で、ヴェルサイユ体
制打破を唱えるナチ党はしだいに多くの国民の支持を得るよ
うになり、1930年10月の選挙で第二党へと躍進した。1933
年1月30日、ヒトラーは首相に就任した。このように議会
選挙を通じてヒトラーは権力を握るに至ったのである。とこ
ろが、同年2月27日の国会放火事件を口実に共産党、次い
で社会党を弾圧した。同年3月5日の選挙でナチ党は43.9%
の票を獲得して、第一党になり、3月23日、授権法（全権
委任法）を成立させ、政府が立法権をも掌握するようなった。
この頃から、ドイツは密かに軍備の強化に乗り出した。1934
年8月、ヒンデンブルク大統領の死去に伴い、首相職に大統
領職が統合され、ヒトラーは総統に就任した。
　ヒトラーは失地回復に乗り出した。国際管理下におかれて
いたザール地方、そして東プロイセン、とくに国際都市に
なったダンツィッヒ（グダニスク）とポーランド回廊（バル
ト海への出口をポーランドに保障するために設けられた領域）で
ある。1925年にヒトラーが刊行した『我が闘争』では、失
地ではないが、ソ連に属するウクライナも対象とされてい
た。また、「ドイツ系のオーストリアは祖国大ドイツに復帰
しなければならない」と書いたように、オーストリア併合は

ヒトラーの長年の悲願であった（斉藤孝、1965、23 - 24 頁）。
1935 年 1 月、ザール地方は住民投票に基づき、ドイツに復帰した。同年 5 月 16 日、ドイツは再軍備を宣言した。

　1937 年 11 月 5 日、ナチス・ドイツの領袖の秘密会議が開かれ、そこでオーストリアとチェコスロヴァキア占領の方針が決定された。このヒトラーの方針に軍部首脳は危惧を抱いていた。1938 年 2 月 4 日、ヒトラーは国防相や国防軍司令官などを罷免し、軍の統帥権を掌握した。2 月 22 日、ヒトラーは自分の山荘にオーストリア首相シュシュニッグを呼び出し、政治犯の釈放を要求した。脅迫して 2 日以内の返答を迫った。シュシュニッグはやむなくナチスの政治犯を釈放し、ナチス党員のザイス・インクワルトを入閣させ、警察権を与えた。シュシュニッグはイタリアのムッソリーニの支援に期待をかけていた[2]が、回答はなかった。やむなくシュシュニッグは 3 月 11 日夜、辞任し、ザイス・インクワルトが首相となった。12 日、ドイツ軍はインクワルト首相の要請に応ずるという名目でオーストリアに進入し、翌 3 月 13 日、オーストリアを併合した（同上書、50 - 53 頁）。

　次にヒトラーの餌食になったのはチェコスロヴァキアのズデーテン地方である。ここは、「ドイツ人が 50％を占めているが、かつてドイツ領であったことがない。つまり、ドイツがヴェルサイユ条約で失った領土ではない」（斎藤治子、1995、74 頁）。ヒトラーは、コンラード・ヘンラインが率い

（2）この時期のオーストリア政府は弱体で、財政的にイタリアに依存していた。

るズデーテン・ドイツ人党を手先として、ズデーテンのドイツ人の間で排外主義的な反チェコスロヴァキア運動を煽った。

　ソ連は1934年に国際連盟への加盟が認められた。ソ連の外務人民委員のリトヴィノフは国際連盟総会やその他の場で[3]ことあるごとに集団安全保障を提唱した。ソ連は英仏に対独包囲網を呼びかけたが、無視された。英仏の指導者の意図は、ヒトラーの関心を東に向け、ナチス・ドイツとソ連を戦わせ、共倒れになることであった。ヒトラーは「ボルシェヴィズムからヨーロッパを守る」と言っており、イギリスはそれに期待をかけ、ドイツに宥和的な態度をとり続けた。[4]

2　ミュンヘンの宥和

　1938年9月29日、ミュンヘンでヒトラー（独）、チェンバ

（3）リトヴィノフの生涯および彼が果たした役割については、斎藤治子（2016）が詳しい。

（4）1936年7月から1939年4月にかけてスペイン内乱が起きた。1936年2月の総選挙で左派の人民線政府が成立した。これに対して同年7月、フランコ将軍が叛乱を起こし、内戦が始まった。ドイツとイタリアがフランコの側につき、軍隊や武器を送った。人民戦線政府には義勇兵からなる国際旅団がつき、ソ連も武器や資金の援助をした。しかし、英仏政府は、ソ連の支援を受けた人民戦線政府を支援してもソ連を利するだけだと考え、中立を保ったので、人民戦線政府は合法的に武器を購入することができず、苦しい戦いを強いられ、敗北した。

レン（英）、ダラディエ（仏）、ムッソリーニ（伊）の四国首脳会談が開かれた。英仏伊の最高指導者はチェコの割譲を迫るヒトラーの要求を呑んだ。30 日未明、ミュンヘン協定が成立してズデーテン地方はただちにドイツに割譲されることになった。チェコスロヴァキアの運命を決めるこの重大な会談にチェコスロヴァキアの代表は呼ばれなかった。代表のマストニーは夜遅く、チェンバレンとダラディエの前に呼ばれて、会議の決定を伝えられたのである。翌 10 月 1 日、ドイツ軍は同地方に進駐した。チェンバレンはこの協定について、「私は名誉ある平和を持ちかえった。これはわが時代のための平和条約である」と語ったという（斉藤孝、1965、56-57 頁）。なお、ナチス・ドイツの了解のもとに、同年 10 月 11 日、ポーランドはチェコのチェシンとシレジア地方を奪い、ハンガリーも 11 月にスロヴァキア南部を奪った。両国がやったことは火事場泥棒的行為であった（斎藤治子、2016、146 頁）。

　しかし、ヒトラーの野望実現はこれで終わらなかった。第一次世界大戦後チェコスロヴァキアという国が誕生したのだが、その中でスロヴァキア人[(5)]がチェコ人に対して複雑な感情を抱いていることに目をつけた。ミュンヘン協定の後、ドイツはまずスロヴァキア人をそそのかして再びチェコスロヴァキアの解体をはかった。1939 年 2 月末頃からチェコスロヴ

（5）国民は類似した言語を話すけれども、チェコ（ボヘミアとモラヴィア）がオーストリアに支配下にあったのに対して、スロヴァキアはハンガリーの支配下にあり、異なる歴史を持っていた。

ァキア国内のスロヴァキア人の独立運動が活発化し、ヒトラーはスロヴァキアの要人をベルリンに招いて援助を約束した。3月14日、スロヴァキアは独立を宣言した。同じ日、ベルリンに来ていたチェコスロヴァキア大統領ハーハは緊急にヒトラーとの面会を申し入れた。ハーハと会見したヒトラーは彼に、ナチス首脳の居並ぶ前で、ボヘミアとモラヴィアをドイツに合併するという協定に署名するよう要求した。拒否する場合にはプラハを空襲すると強制されて、やむなくハーハはこれに署名した。翌15日、ドイツ軍はボヘミアとモラヴィアを占領し、16日、スロヴァキアはドイツの保護領とされた。

　次にヒトラーは東方の失地の回復のため動いた。3月22日、ドイツは、バルト海の重要な港湾都市クライペーダ（ドイツではメーメルと呼ばれる）をリトアニアから奪取した。次の目標はポーランドであった。ヒトラーがナチスおよび軍の首脳に語ったところでは、「生活圏」を東欧に拡張し、食糧供給を確保する必要性を述べ、ダンツィヒ（グダニスク）とポーランド回廊の回復がその口実とされた（斉藤孝、1965、60頁）。

　イギリスにも自由党のロイド＝ジョージ元首相、保守党のチャーチルやイーデンのように、ナチス・ドイツの脅威に対抗するためにイデオロギーを超えてソ連と協力する必要を説く政治家はいた。彼らの主張および高まりつつあった反ドイツ的な世論に押されて、イギリス政府はドイツの侵略に対抗する姿勢を示さざるをえず、3月から4月にかけてポーランド、ルーマニア、ギリシャに安全保障を与えた。イギリス

政府はフランス政府と一緒にソ連との提携に動き出した。4月17日、ソ連は英仏ソ三国の相互援助条約・軍事協定の締結およびバルト三国の保障を提案した。問題は、ソ連が英仏を支援するといっても、ポーランドまたはルーマニアを経由しなければならないし、英政府がポーランドやルーマニアを支援するといっても、兵器や軍備などはソ連領土からしか供給できないのに、両国がソ連軍の通過を嫌っていることであった。ポーランドやルーマニアの反ソ連感情もあるが、それだけではなく、両国政府はドイツの反発を恐れていたのである。英仏ソ三国の協定を実効性のあるものにするために両国政府の同意を取りつける必要があった。しかし、イギリス政府の動きは緩慢であった。

3　独ソ不可侵条約

　1939年5月3日、ソ連の外務人民委員のリトヴィノフが解任され、モロトフ首相がこの職務を兼任することになった。これは、集団安全保障を追求してきたソ連の外交政策の転換を意味するものであった。ドイツでは5月10日、ヒトラーは「ヴァイス」（ポーランド侵攻）作戦実行のための準備作業として、ソ連の動向に関するヒアリングを行った。席上、帰国中の駐ソ大使館参事官が「レーニンの革命政府はいまやスターリンのプラグマテチックな現実政策に変ったこと、独ソの全体主義制度が似ていることを話すと、ヒトラーは身を乗り出して注意深く聞いていた」（斎藤治子、1995年、149頁）と言われる。7月中旬、ドイツとポーランドとの間の緊張の

報せに接しても、チェンバレンは、チェコスロヴァキア問題でとったのと同様に、ダンツィッヒ問題でもポーランドに「譲歩」させて、ドイツに宥和政策をとるつもりでいた。⁽⁶⁾

「ドイツが恐れるのは、ポーランド攻撃の際に、英仏とソ連が同時に援助行動を行って、ドイツの軍事力が二分されることだった。とにかく二正面作戦を回避することがドイツのポーランド侵攻にとっての不可欠の条件であった。それには、英仏かソ連のどちらかを抱き込んで、介入させない保障を得なければならない」（斎藤治子、1995、208 頁）。早くも 7 月 4 日、ドイツ政府は「ポーランドの分割をともに行おう」という趣旨の非公式の手紙を在ベルリンのソ連大使館に送っていた。ソ連の側でも、5 月から 9 月にかけてモンゴル国境で日本軍との衝突（ノモンハン事件）を経験し、東方に不安を抱えていた。

（6）この頃、ロンドンでの国際捕鯨会議に参加したドイツ代表ヴォルスタート（ヒトラーに次ぐ実力者ゲーリング元帥の経済顧問）はイギリス政府の工業顧問のウィルソンと私的な会談を行った。ウィルソンは、「ポーランドとルーマニアはイギリスの保障から外す。英独間の工業・経済協力によって世界にかつてないような経済ブーム」を起こそうというチェンバレンの驚くべき構想を伝えた。チェンバレンの英独同盟による「ヨーロッパ・アフリカ分割プラン」はミュンヘン協定を超える対独宥和計画であった。しかし、極秘にしていたこの会談はリークされ、7 月 22 日のイギリスの新聞で報道され、フランス政府は怒り心頭に達した。そのため、この構想は立ち消えになった（斎藤治子、1995、201 頁）。

7月25日、英仏ソ軍事会談のために英軍事使節団が7日〜10日後にモスクワに派遣されることをハリファックス外相から知らされた旨、マイスキー駐英大使がモスクワに連絡した。こうして、7月下旬から、ソ連は「二頭立ての馬車」を駆けることになった（斎藤治子、1995、207頁）。ところで、イギリスの代表団が飛行機ではなく、船で、しかも高速の巡洋艦ではなく、貨物船でフランス代表団とレニングラードまで行くと聞いて、駐英ソ連大使はあきれていた。この重要な時期にイギリスの外相も狩猟に行き留守をし、首相も魚釣りに行ってしまった。さらに、8月12日に第1回会談がもたれたが、イギリスの団長が軍事協定を締結するための全権委任状を持っていないことが問題になった。英仏ソ協定への本気度が疑われる事態であったが、ともかく会談は続けられた（同上書、217 − 222頁）。

　並行して、モスクワとベルリンの関係改善のための外交努力が速いテンポで進んでいた。8月15日の夜、駐ソ・ドイツ大使のシューレンブルクがモロトフを訪ね、「リッベントロップがドイツ総統の意見を述べるためにモスクワに来る用意がある」というベルリンからの訓令を伝えた。モロトフは訪問を歓迎すると答えた。こうして、ソ連指導部はギリギリ直前まで英仏とドイツを天秤にかけたのである。「8月15日の独ソ会談は、ソ連の二重外交をドイツ側にハンドルを切り替える重要な転機となった」（斎藤治子、1995、239頁）。8月23日にリッベントロップ外相がモスクワを訪問し、モロトフと交渉し、独ソ不可侵条約（リッベントロップ・モロトフ協定）が締結されることになった。独ソの両外相の会談と不可

侵条約締結⁽⁷⁾のニュースは世界に衝撃を与えた。

　この条約には秘密議定書があると当時から噂されており、戦後、その全文が暴露された。これは一種の縄張り協定であり、ポーランドについては、ドイツとソ連の利益範囲をナレフ、ヴィスワ、サンの各河に沿って分け合い、バルト三国はロシアの利益範囲に置くというものであった。ナチス・ドイツは1週間後の9月1日、ポーランドを侵略し（公式には、このときがヨーロッパでの第二次世界大戦の開始）、支配下に置いた。ソ連の赤軍は同年9月17日にポーランドに侵攻した。

4　ソ連によるバルト三国併合

　バルト三国は18世紀に帝政ロシアの支配下に入ったが、帝政ロシアの崩壊により1918年に独立した。1920年にソ連がこれらの国々を承認した。戦間期は、バルト三国にとって黄金時代であったが、長くは続かなかった。1939年9月、ソ連はバルト三国を軍事的に威嚇し、ソ連軍の駐留を認める協定を締結させ、10月に軍隊を進軍させた。1940年8月、議会に圧力をかけ、それぞれの議会でソ連邦への加盟を申請する決議を採択させたが、これはソ連による事実上の併合であった。その後これらの国々にソ連型社会主義のシステムが押しつけられたのである。企業の国有化も実施された。1941年6月に約12万4000人の政治・社会分野のエリートたちが

（7）不破（2014）第1巻も独ソ不可侵条約締結の経過を詳しく論じている。

処刑またはシベリアへ追放された。こうして国の「指導層の除去」がなされた。1941 年 6 月 22 日、ナチス・ドイツはソ連に宣戦布告をし、ソ連に侵攻した。ソ連編入後ひどい仕打ちを経験したので、多くのバルトの人々はドイツが自国の独立を回復してくれるか、少なくともボリシェヴィキの国有化布告を無効にしてくれるとナイーヴにも期待した。しかし、バルト三国とベラルーシはいわゆるオストランドという州とされ、ナチス・ドイツの支配者の下で土着の人々は過酷な生活を強いられた。多くの人々が強制労働のためドイツへ送られたり、義勇軍団に徴兵されたりした。1943 年 2 月、スターリングラードの戦いで赤軍が勝利し、ソ連は巻き返した。1944 年初め、赤軍はエストニアへ進軍した。同年 7 月、赤軍はリトアニアに進軍し、さらにラトヴィアにも進軍し、10 月にはリガ（ラトヴィアの首都）も陥落させた。退却する際、ドイツ軍は焦土作戦を実施し、バルトの地は荒廃した。そして「死の影」でのバルトの悲劇が起きた。19 万 9000 人（その半分はラトヴィア人）が西方に逃れたが、その際ドイツやソ連の海軍と空軍に攻撃され、数千人がバルト海で亡くなり、約 3 万人がスウェーデンに逃れた（Arveds Svabe,1949）。

5　戦争の責任

　ソ連がドイツと不可侵条約を結んだことにより、第二次世界大戦の開戦について、ソ連はナチス・ドイツとの共犯者だという意見もあったが、そこまでは言えないと思う。主犯はナチス・ドイツである。しかし、不可侵条約により、ドイツ

のポーランド侵略を容易にしたことは確かである。しかも、ヒトラーの誘いに乗り、ポーランドに侵攻し、さらにバルト三国をも支配したことは社会主義の理念に反する。また、ドイツを包囲する英仏ソ協定のソ連の再三の呼びかけを無視し、弱小国を犠牲にして当面のヨーロッパの平和を維持するため対独宥和政策をとり続けた英仏の指導者、とりわけイギリスのチェンバレン首相の責任は重大である。スターリンは、ナチス・ドイツによる侵略を予想しながらも、軍事力を強化するための時間を稼ぐために、そのナチス・ドイツと不可侵条約を結んだのはやむを得なかったという面もあるが、稼いだ時間は 1 年 10 ヵ月にすぎなかった。ナチス・ドイツの侵略を受けたソ連は、英米の支援を受けながら必死に戦い抜き、勝利した。そのために 2000 万人余りのソ連国民が犠牲になったことも忘れてはならない。

6　ソ連支配の再開

　ドイツ軍を駆逐した後に、バルト三国ではソ連に支配が再開し、農業集団化が実施された。クラーク（富農）と見なされた農民とその家族は貨車に積まれてシベリアへ追放された。ラトヴィアの研究者は次のように言う。「ソヴェト権力はラトヴィア領からの住民の大量追放を実施した。最初の大量追放は 1941 年 6 月 14 日の夜に行われ、15,443 人、主にラ

（8）バルト三国の歴史、政治、経済について詳しくは小山（2021）
　　を参照されたい。

トヴィアのエリートが何ら法的根拠もなしに、二度目の大量追放は 1949 年 3 月 25 日に実施され、このとき、42,322 人の人々がシベリアに送られた[9]」。

ソ連はバルト三国で工業化を推進した。労働力が不足したバルト三国、とくにエストニアとラトヴィアにロシアからスラヴ系の人々を移住させた。1953 年、スターリンは死亡し、1956 年のソ連共産党第 20 回大会でフルシチョフ第一書記は秘密報告でスターリン批判を行った。その後、バルト三国に対する過酷な支配は緩んだ。

7　バルト三国の独立の回復

1989 年 8 月 23 日は独ソ不可侵条約締結から 50 年目の日であった。エストニアの首都タリンからリトアニアの首都ヴィルニュスまで 600km にわたって人と人が手をつなぎ、150 万人市民が参加した「人間の鎖」ができあがった。この静かな抗議行動は、世界に対して強烈なアッピールとなった。1990 年 2 月、リトアニア・ソヴェト最高会議の選挙が複数政党制の下で実施され、「サーユディス」が 4 分 3 の議席を獲得した。3 月 11 日、リトアニア・ソヴェト最高会議は事実上の独立回復宣言を行った。エストニアとラトヴィアもそれに続いた。ソ連当局はリトアニアの運動を軍事的に弾圧し、

（9）イギリス在住のラトヴィア人研究者アルタ・ヤリリ＝イドリッシ氏（Arta Jalili Idrissi）による情報提供。2020 年 11 月の E-mail。

13人の犠牲者が出したが、リトアニア国民の独立への動きを止めることはできなかった。ソ連はエストニアとラトヴィアに対しては懐柔を試みた。1991年8月、ソ連では保守派によるクーデターが起こったが、失敗した。しかし、これを機にソ連共産党書記長兼大統領のゴルバチョフの権威は低下し、対照的にロシア共和国議長エリツィンの権威と発言力が一気に高まった。その後、ソ連では分解傾向が強まり、同年12月にロシア、ウクライナ、ベラルーシの3首脳の会談でソ連邦の解体が決まった。その間、国際的には目立たなかったが、9月6日、国連でバルト三国は国際的な承認を得ていた。

第3章　東欧社会主義の状況

1　ドイツ・イタリアの敗北と東欧の社会主義

　イタリアは 1943 年に降伏した。ドイツも 1945 年 5 月に降伏した。東欧諸国でも独自の解放闘争が行われたが、赤軍の軍事力がものを言った。東欧はソ連によって解放された。ただし、ユーゴスラヴィアとアルバニアはほぼ独力で国を解放した。しかし、戦後の東欧を見るとき、国際的な枠組みを考慮に入れる必要がある。1944 年 10 月、イギリス首相チャーチルはモスクワでスターリンと会談し、戦後の勢力圏について協議した。ユーゴとハンガリーについてはフィフティ・フィフティの原則で影響力を行使し、それ以外の東欧諸国についてはソ連が 90％、イギリス（アメリカと一致して）が 10％影響力を行使し、ブルガリアについてはソ連が 75％、他国が 25％影響力を行使することで両者は合意した。それと引き換えに、ソ連は西欧には干渉しないことを暗黙のうちに認めた。この二人の合意は 1945 年 2 月にアメリカ大統領ローズヴェルトを加えたヤルタ会談でも確認されたので、米英ソの大国による「縄張り」の密約は、ヤルタ体制と呼ばれる（ドルーロヴィチ、31 — 32 頁）。当初、ソ連は東欧諸国に急激な社会主義化路線を押しつけることはなかった。土地改革や経済の復興、政治の民主化等が重要な課題であった。それゆえ、

その頃の東欧諸国は「人民民主主義国」と呼ばれた。しかし、共通の敵、日独伊が敗北した後、戦後の国際政治をどう動かすかをめぐり、米ソの関係がしだいに悪化した。一般に冷戦とはまだ言わない（チャーチルは早くも 1947 年アメリカのフルトンでの演説で「鉄のカーテン」という言葉を使ったが）が、1947 年頃からソ連は東欧支配を強めるようになった。

　以下、ユーゴスラヴィア、ポーランド、ハンガリー、ルーマニアにおける社会主義建設の状況を概観してみよう。

2　ユーゴスラヴィア

1）ドイツほか枢軸国による侵略、そして国の解放

　1940 年 9 月に日独伊三国同盟が締結された。ドイツはソ連にも加わるよう 11 月に呼びかけ（結局、不参加）、ドイツは圧力を加え、ルーマニアは 11 月に、ブルガリアは 1941 年 3 月 1 日に正式に三国同盟に加入した、さらに、「ハンガリーとスロヴァキアもすでに 1940 年 11 月に三国同盟に加入しており、ドイツの支配下におかれたポーランド、チェコを含め、東欧諸国はほとんど枢軸一色になった」（木戸、1977、299 − 300 頁）。そして続けて「周囲をほぼ完全に枢軸諸国に包囲されたユーゴスラヴィアのツヴェトコヴィッチ政権」は、ヒトラーの圧力に屈して、1941 年 3 月 25 日に日独伊三国協定に加盟する条約を結び、国民の怒りを買った。3 月 27 日のクーデターで政権を握った新しい内閣は条約を破棄したが、それに対して、ヒトラーは 4 月 6 日、無警告でのベオグラード爆撃で応えた。こうしてナチス・ドイツの侵略が始ま

り、イタリア、ハンガリー、ブルガリアも参戦した。4月7日、国王ペータルと政府関係者は飛行機でロンドンへ亡命した。6月22日、ドイツ軍のソ連攻撃が始まると、ユーゴ共産党指導部は国民に侵略者に対する武装蜂起を呼びかけた。相手は枢軸国だけではなかった。クロアチアではドイツの傀儡政権である「ウスタシャ」が現地のセルビア人を弾圧した。セルビアでは王党派のミハイロヴィチ大佐がチェトニク軍団を率い、侵略者に対して戦うと公言していた。当初、チトーはミハイロヴィチに会い、共闘を持ちかけたが、ミハイロヴィチは圧倒的なドイツ軍の兵力を前にいまは戦力を温存し、機を見て戦うという消極的な姿勢を見せた。やがてチェトニクはパルチザン（武装解放勢力）にも攻撃を加えるようになったので、パルチザンは外国の侵略者だけではなく、ウスタシャやチェトニクをも相手にして戦わざるを得なかった。1942年、ボスニアのビハチにて反ファシスト国民解放評議会（ＡＶＮＯＪ）第1回大会が開催された。1943年、ボスニアのヤイツェにてＡＶＮＯＪ第2回大会開催された。チトーが率いるパルチザンは幾度も窮地に陥った。とくに「ネレトヴァの戦い」（映画ではリチャード・バートンがチトー役を演じた）は有名である。ここで絶体絶命の窮地を脱した。パルチザンは大きな犠牲を払いながらたびたびドイツ軍に打撃を与えた。ところが、彼らの戦果はすべてロンドンの亡命政権に繋がるチェトニクの戦果として国際的に報道された。ソ連も米英との国際的協力の枠組みを重視し、チトーからの度重なる武器、弾薬，医薬品の支援要請を無視し続けた。だが、実際にドイツ軍と戦い、戦果をあげているのはチトーの率いるパルチザ

ンだという事実を最初に認識し、パルチザンに支援の手を差し伸べたのはイギリス政府であった。1945年3月にチトーを首班とし、亡命政権の代表3名を含む臨時政権が発足した。パルチザンは同年5月、ユーゴ全土をほぼ独力で解放した（戦争の最終盤にソ連の赤軍の戦車部隊が首都ベオグラードの解放に参加した）。だが、これには大きな犠牲を伴った。ユーゴの人的被害は死者が170万人で、総人口の11％にのぼった。比率では、ソ連、ポーランドに次いで第3位であった。残念ながら、独、伊などの軍隊によって殺された人よりも、同胞同士（クロアチア人とセルビア人など）の争いで命を落とした人の数が多かった。

2）第2のユーゴとコミンフォルムからの破門

　戦後，ユーゴは社会主義の道を歩むことになった。ユーゴは当初はソ連の経験を模倣しており、当時、社会主義建設では東欧諸国の中では先頭を走っていた。[(1)]アメリカとの対立が強まるなか、1947年9月、コミンフォルム（共産党・労働党情報局、ソ連・東欧＋仏伊の共産党・労働党で構成）が組織され、その本部はベオグラード（ユーゴの首都）に置かれた。ところが、1948年6月、ブカレストで開催された第2回大会でユーゴは破門された。突如流れたこの報道に世界中の人々が

（1）ソ連共産党とユーゴ共産党の間の書簡のやり取りおよび
　　1948年6月28日の「ユーゴ共産党党内情勢に関するコミンフォルムの決議」は、バス、マーブリ編（1961）で読むことができる。

驚いた。実は、その半年前からソ連とユーゴの最高指導者レベルで水面下でやりとりがあったのである。争点は、ソ連人顧問の待遇、合弁企業、ユーゴ国内にソ連が独自の情報網を作ること、等であった。これらの点について、ユーゴ側が自国の主権を守ろうとして苦情を申し入れたのに対して、スターリンは激怒したのである。ユーゴはソ連ブロックから排除された。貿易協定は破棄され、ソ連およびほかの東欧諸国との貿易はストップした。それだけではなく、ソ連はユーゴとの国境にはソ連の戦車を配置し、軍事的圧力もかけた。ユーゴ共産党第5回大会では、会場にスターリンの肖像画が掲げられたように、ユーゴはソ連との和解を追求したが、ソ連はユーゴへの圧力を弱めなかった。

3) 自主管理社会主義

ユーゴの指導者たちは大きなジレンマに直面した。「ソ連を愛しても、ユーゴ以上に愛することはできない」と思った。国民を裏切ることはできなかった。当初，ソ連をモデルとして社会主義を建設していたユーゴ共産党の指導者たちは、ここに至ってソ連型社会主義に懐疑的になり，社会主義の理論的再検討を始めた。あらためてマルクス主義の文献を読み直した。とくにマルクスが1871年に執筆した「フランスにおける内乱」などからヒントを得た。彼らは、「直接的生産者のアソシエーションとしての社会主義」という思想に着目し、

（2）ユーゴスラヴィア共産党は第6回大会（1952年）でユーゴスラヴィア共産主義者同盟に名称を変更した。

労働者自主管理を実現すべきだと考えるに至った。1950 年
6 月、首相のチトーは議会に「労働者自主管理法」を提案し、
趣旨を説明した。1950 年以降独自の自主管理社会主義の道
を歩むことになった。

　ユーゴの共産主義者は、ソ連における国家機構の肥大化を
問題視した。だから、生産手段は国有ではなく、社会有でな
ければならなかった。労働者たちの間から選挙で選出された
メンバーで構成される労働者評議会が企業の最高意思決定機
関とされた。日常的には経営のプロ（企業長）と専門スタッ
フが必要である。企業長は、選考委員会が公募を行い、候補
者を労働者評議会に提案し、この評議会が任命する。企業長
は企業の経営にあたり、対外的に企業を代表する。企業長は
企業の計画を立案し、労働者評議会に提案し、後者がそれを
検討し、採択する。必要があれば、企業長を解任することが
できた。

　また、農業に関しては、ソ連を模範として、農業集団化を
推進したのであるが、実情に合わなかった。ソ連との対立後、
集団化をやめ、元に戻した。大規模農業コンビナートは残っ
たが、それ以外の農地は農民が所有することになった。土地
保有の上限は 10 ヘクタールとされた。全農地の 75％は個人
農が保有することになった。

4）非同盟諸国運動

　スターリンは 1953 年 3 月に亡くなり、1955 年にフルシチ
ョフ第一書記がユーゴを訪問し、謝罪したことにより、ソ連
との関係は正常化したが、ユーゴはワルシャワ条約機構やコ

メコンには加盟しなかった。また、西側との関係も改善したが、その軍事同盟であるNATOにも加盟しなかった。第二次大戦中、大国間の取引の材料にされ、そして戦後コミンフォルムから除名され、国際的に孤立したという苦い経験から、いかなるブロックにも加盟しないことを重視した。ユーゴはいかなる軍事同盟にも加わらないという非同盟運動を始めた。1961年9月に第1回非同盟諸国首脳会議がユーゴの首都ベオグラードで開催され、チトーは非同盟運動のリーダー的存在になった。小国でありながら、背後に多くの非同盟諸国を抱えていたので、ユーゴは国際政治において大きな発言力を持っていた。

3 社会主義時代のポーランド

第二次世界大戦後、ポーランドの東部国境と西部国境は300 - 400キロメートル西方へ移動した。ソ連に編入された東部の住民は、新たにポーランドがドイツから獲得した西部地域に入植した。そのおかげで、戦後のポーランドは民族的に同質性の高い国になったので、深刻な民族問題をかかえてない。ポーランドはヤルタ体制の下でソ連の勢力圏に入ることになった。共産主義者の勢力⁽³⁾（この中でも戦時中モスクワにいて戦後帰国したグループと戦時中国内にとどまって戦った「民

（3）戦前のポーランド共産党はスターリンの疑惑を招き、1938年にコミンテルンの指令により、解散させられ、ソ連に亡命していた重要幹部の大部分は処刑された。

族派」のグループがあった）とロンドンの亡命政府につながる人たちによる挙国一致臨時政府が 1945 年 6 月 28 日に発足した。これが戦後のポーランドの再建にあたった。社会主義的政策がすぐに押し付けられたわけではない。ロンドンの亡命政府で首相を務めたスタニスワフ・ミコワイチクは臨時政府の副首相兼農業・農地改革相として参加した。しかし、1947年に入ると、ソ連軍と労働者党による弾圧が強まり、ミコワイチク自身にも危険が及んだので、同年 10 月にロンドンへ亡命した。1948 年に米ソ間の冷戦が始まると、ソ連型（スターリン主義的な）社会主義モデルがポーランドにも押し付けられた。「社会主義国家建設のイデオロギーとポーランド人がもつ愛国主義的、民族主義的な傾向を融合させる必要がある」（家本、1994、10 頁）と説くヴワディスワフ・ゴムウカは民族主義的偏向としてモスクワおよび党内「ソ連派」によって糾弾され、失脚した[4]。1948 年 12 月、ソ連の指示により、ポーランドは強制的集団化と重工業優先の工業化の路線を進んだ。

　農業は工業化のための食糧供給と労働力の供給の役割が与えられた。1956 年 2 月のソ連共産党第 20 回大会でのフルシチョフ第一書記によるスターリン批判は「東欧」諸国に大きなインパクトを与えた[5]。その大会に参加したポーランド統一

（4）彼は書記長から解任されただけでなく、党からも除名され、さらに逮捕され、シベリアに送られた。

（5）ソ連共産党第 20 回大会の期間中に、1938 年に解体されたポーランド共産党の名誉回復も発表された。家本(1994)、18 頁。

労働者党第一書記ボレスワフ・ビエルートはモスクワで客死し、エドヴァルト・オハブがその後を継いだ。同年6月、ポズナニで暴動が起きた[6]。生活水準が低下する中でノルマが強化されたので、全国の労働者の間で不満が非常に高まっていたから、どこで暴動が起きても不思議ではなかった。この難局に対処するため党と政府の指導部は苦慮した。8月にはゴムウカが名誉回復を受け、指導部に復帰することが決まった。ポーランド統一労働者党は10月19 - 20日に中央委員会総会を開催することを決めたが、党内のスターリン主義者たちはクーデターを計画した。10月19日夜、ソ連の共産党と軍の首脳が急遽ワルシャワを訪問し、ゴムウカを加えたポーランド共産党首脳部はソ連の代表と協議をし、事情を説明した。実際、この頃、ソ連による介入の恐れがあった。だが、ハンガリーとは違い、介入を避けることができたのは過渡的な最高指導者オハブを始めとするポーランド指導部の結束による[7]。この中央委員会総会でゴムウカが党第一書記として返り咲いた。彼の下で「つかの間の雪解け」(Gazinski, 2016) が見られた。

（6）フェイト（1978）によると、54人の死者、300人の負傷者が出て、320人あまりが逮捕された。

（7）フェイト（1978年、78頁）は、「ポーランド十月危機がとどのつまりは一つの政治的妥協によって解決できたのは、党書記長に指名されるまでほとんど無名の人であったオハブによるところが大きいのであって、これに反してハンガリー危機はひとりのオハブもいなかったために流血の中に崩壊していかなければならなかった」と述べている。

新たな指導部の下で「集団化を強いる圧力の緩和」があり、「自然発生的に解体された」（ブルス、1984年、80頁、88頁）協同組合も多かった。[8] ポーランド農業のユニークさは次の点に見られる。国営セクターも存在したが、もともと私営セクターの割合は高い。「コメコン諸国の中ではユニークなポーランド農民の生き残りは2つの要因：厳しい弾圧の年月を生き延びてきたカトリック教会の確固たること、および『東』から押し付けられた馴染みのない形態と見られる集団化に対する農民の気乗り薄、に帰することができる」（Gazinski, 2016）。当局は究極的には集団化するという方針を放棄しなかったものの、個人農の割合は高い（表1参照）。当局は個人農を許容したものの、冷遇した。

表1 社会主義時代のポーランドとハンガリーの農業構造の比較

ポーランド		ハンガリー	
私的経営	約 75%	協同組合農場	約 75%
国営農場	約 20%	国営農場	約 20%
協同組合農場	約 5%	私的経営	約 5%

出所：Gazinski (2016), p. 73.

　ソ連型社会主義は大多数のポーランド国民が望んだものではなかったが、その中でそれをできるだけ改善しようとする努力もなされた。たとえば政府は有名な経済学者オスカー・ランゲを議長に迎えて閣僚会議付属経済評議会を設置し、経

（8）1956年末に存在した10,600の集団農場はその後、1,700しか残らなかった。フェイト（1978）、120頁。

済改革案を検討させた。期待されたゴムウカであったが、ソ連型社会主義にこだわる保守的な政治家であった。1958年に「モチャル派」によるランゲ批判があり、改革派首脳はしだいに権力機構の中枢から遠ざけられた。(9)

1969 – 1970年には農業生産の不振がひびき、政府は食肉を始めとする食糧品の大幅値上げを余儀なくされた。政府は1970年12月12日にそれを決定し、翌日発表したが、クリスマスの直前というまずいタイミングであった。それは国民の反発を招き、バルト海沿岸の造船所でストが起き、各地に広がり、街頭デモから暴動へと拡大した。ゴムウカ党第一書記は党内で支持を失い、退陣した。後任には政治局員でカトヴィツェの実力者エドワルド・ギエレクが就任した。彼は若いときにベルギーやフランスの炭鉱で働いた経験を持ち、西欧の事情に通じていた。彼は次のように政策の大転換を行った。1) 国民所得や工業生産よりも高い輸出入の成長率を経済計画に盛り込む。2) 個人農の役割を重視し、義務的供出を廃止し、個人農の農地拡大の容認と信用供与、農民に対する医療保険の適用、農民年金の導入などを通じて、個人農の生産意欲の刺激をはかる。3) 経済の外延的な発展から内包的な発展への移行をはかる。技術革新による生産設備の近代化を目指す。そのため、西側との結びつきを強める。4) 国内消費を犠牲にした投資の拡大という発想を転換、消費を充

（9）「10月体制からの後退」現象に改革派の人々は1962年に批判の声をあげたが、弾圧された。政治的締め付けは1968年3月のワルシャワ大学の教員・学生の弾圧でピークに達した。

実させる。投資と消費の両方の拡大のため、西側からの長期借款を得る（田口、2005, pp. 23 − 24）。

　当時始まったデタント（緊張緩和）もギエレク政権の新方針に有利に作用した。西独の社会民主党の党首ウィリー・ブラント[10]は1969年10月に首相に就任すると、西独の基本姿勢[11]を変更し、共産党国家が東隣にあるという現実を認め、ソ連、ポーランド、東独を訪問し、条約を締結し、国交正常化をはかった。これがブラントの東方外交である。ドイツ・ポーランドの国境をオーデル・ナイセ線であることを認めた。1971 ― 1973年、西側からの資本財、中間財の輸入により、ポーランド経済は急速な発展を遂げた。「第二のポーランド建設」のスローガンのもとで、次のような投資事業が始まった。グダニスク精油所建設、北港建設、既存の炭鉱の拡張と新規炭鉱開発、フィアットのライセンス生産による乗用車大量生産の開始、幹線道路の整備、集合住宅のコンポーネント大量生産体制の確立、カトヴィツェ製鉄所の建設、等（田口、2005、p. 27）。西欧諸国との貿易は急速に拡大した。西側の商品も流入し、国民の消費生活も改善した。ポーランドは1970年から高い経済成長率を実現したので、西側から「赤

---

(10) 1966年12月から1969年10月にかけて社会民主党はキリスト教民主党と大連立を組み、キージンガー首相の下でブラントは外相を務めた。彼は東欧諸国との国交樹立を推進し、1967年1月にルーマニア、そして1968年ユーゴスラヴィアと国交を樹立した。

(11) それまで東独を承認する国とは断行するというハルシュタイン原則があった。

い奇跡」（家本、2004年、98頁）とまで呼ばれた。

　ところが、この一見好調に見える経済発展も長続きしなかった。転機となったのは1973年秋に勃発した第一次石油ショックおよびその後の世界経済の不振である。世界の原材料価格の高騰で国内の投資財供給不足が顕著になった。無駄な投資の増加、労働人口の急激な増加、生産設備稼働率の低さなどにより、1970年半ばからは労働生産性向上は緩慢になった。国内の不況のため、西欧諸国はポーランドを始めとする東側に積極的に輸出攻勢をかけてきた。また、西側からの資金借り入れで発展させた工業も、西側市場での不況のため自分の製品の輸出を伸ばすことができなかった。

　農業も問題をかかえていた。食糧品の市場価格は国民にとって非常にセンシティブな問題であったので、伝統的に低く据え置かれ、そのために国庫から補助がなされてきた。国内の食糧品、とくに食肉の需要が急速に拡大した。食肉生産は当初急速に増加したが、国内の穀物・飼料生産は簡単に拡大することができず、そのため、穀物・飼料の輸入が急増した。このことを反映して、農産物・食品貿易収支は悪化した。ハードカレンシー決済地域（つまり、西側諸国）との農産物・食品貿易収支は1971年から1973年にかけての3年間、黒字であったのに対して、1974年には赤字に転じ、赤字幅も年々拡大するようになった。

　農産物・食品貿易に限らず、西側諸国との総合的な貿易収支の赤字は年々拡大した。そのうえ、西側諸国に対する債務（長期と短期を合わせた）は1971年には約39億ズウォーティであったが、1975年には約278億ズウォーティへと増加し、

1980 年には約 766 億ズウォーティへと膨れ上がった[12]。対外債務返済のため、政府は国民に一種の耐乏生活（austerity）を要求せざるをえなかった。

　危機が深まる中で、じりじり上昇するコストのために膨れる赤字を補填することができなくなり、1980 年 7 月、ポーランド政府は食肉価格値上げを発表した。1970 年 12 月のときと同様、今回も全国の工場で値上げ撤回を求めるストが始まった。1 ヵ月ほどでストは収拾するかに見えたが、8 月中旬に再び全国に広がった。そのきっかけとなったのは、グダニスクのレーニン造船所で解雇された労働者を支援するために始まったストである。21 項目の要求が掲げられた。政治的緊張が高まる中、政府は代表をグダニスクに派遣し、交渉にあたらせた。政労合意書が調印され、これにより独立自治の労働組合「連帯」の結成が認められた。ギエレクは辞任し、スタニスワフ・カーニャが第一書記に就任した。

　全国各地で、既存の労働組合を脱退して、それぞれが「連帯」労組を創設する動きが続いた。「連帯」は 1000 万人（当時の成人総数は約 2100 万人）規模の大きな社会運動に成長した。クレムリンの意向によって制約された党・政府は政労合意の内容をなかなか実施しなかった。「連帯」の側でも、膨大な数の労働者を抱える巨大な組織になり、地方組織に対する中央のコントロールが利かない状況が生まれていた。政府の方では、党政治局員で国防相のヴォイチェフ・ヤルゼルス

---

(12) 債務累積のメカニズムの理解においては、田口 (2005a) が参考になる。

キ将軍が1981年2月に首相に就任し、さらに同年10月には
カーニャに代って党第一書記も兼任した。アフガニスタンへ
の軍事介入（1979年）が泥沼化し、経済危機に直面していた
ソ連は68年の「プラハの春」への軍事介入のときのような
力はもはやなかったが、事態を収拾するようポーランド指導
部に圧力をかけ続けた。81年12月、ヤルゼルスキは「より
大きな悪」を避けるためとして、戒厳令をしき、「連帯」を
弾圧し、非合法化した。

　西側諸国は、戒厳令をしいたポーランドに対して経済制裁
を実施した。ポーランドでは　1980年秋に「連帯」運動が
開始される以前に、危機克服のため、党主導で改革案策定の
準備が進められ、いくつかの案が出され、検討されていた。
1982年にヤルゼルスキは国会を召集し、経済改革関連法の
整備を行った。同年2月、国会は価格、賃金、計画化、国営
企業などに関する諸法律（いわゆる「改革パッケージ」）を制
定した。結果的に、「連帯」が要求していた改革案も大幅に
取り入れた内容となった（田口、2005、45頁）。

　戒厳令は1983年7月20日に停止された。大幅な経済改革
にもかかわらず、経済はいっこうに好転しなかった。対外累
積債務が重くのしかかっていたが、「最も大きな経済的要因
は、『抜本的』改革を実施しても、国民の政治・経済システ
ムに対する信頼がないところでは、それが効率的に機能する

---

(13) 国営企業の自主性を強め、従業員自主管理の導入も目指し
　　ていた。この時期の経済改革の内容は、吉野（1987）が評注付
　　きで詳しく紹介している。

はずがないということであった」（田口、2005、46頁）。1987年には政府は「経済改革第二段階実施プログラム」を策定した。国会はこれを採択したうえで、この改革案への国民の支持を取り付けるために同年11月に「政治の民主化、経済の改革に関する国民投票」を実施したが、国民からの支持を得られなかった。⁽¹⁴⁾

そうこうするうちに、政権と国民との間の対立の構図が変化した。まず、ソ連ではすでに1985年3月にミハイル・ゴルバチョフが共産党書記長に就任し、翌年グラスノスチとペレストロイカが始まっていた。88年7月、ゴルバチョフがポーランドを訪問した。同年秋、ゴルバチョフは東欧への不介入を明言した。ポーランドの党指導部も、経済を再建するためには政治改革をし、国民の支持を取り付けることが必要であることを痛感するようになった。89年1月、ポーランド統一労働者党中央委員会総会は政治的多元主義と労働組合複数主義を容認する決議を採択した。こうして、円卓会議開催への機運が急速に高まった。

体制転換と資本主義への道

1989年2月から4月にかけて円卓会議が開催された。同

---

(14) 政府側は国民投票での勝利を確信してため、信任投票を有効投票の過半数ではなく、有権者数の過半数と定めた。ところが、投票者の過半数の支持を得たのだが、有権者の過半数には達しなかったので、結果的に、国民投票は政府の敗北に終わった（家本、2004年；田口、2005年）。

年6月4日、戦後の最初の選挙以来、限定付きだが、複数政党制の下で自由選挙が初めて実施された。「連帯」が勝利したが、「連帯」には政権を担当するための準備がなかった。しかし、対外債務は400億ドルに達し、インフレは年率660％を超え、一刻の猶予も許されなかった。主要政党・社会勢力の首脳の間で協議が重ねられた結果、8月24日、「連帯」の顧問を務めていたタデウシュ・マゾヴィエツキが首相に選出された。組閣にあたって、財務大臣のポストはなかなか決まらなかった。マゾヴィエツキは「自分のルートヴィヒ・エアハルト[15]を探して」おり、その人物をバルツェロヴィチに見出したのである（Sachs, 1993, p.44）。バルツェロヴィチは中央計画統計大学（現在、ワルシャワ経済大学）の教授で、ミルトン・フリードマンの新自由主義を信奉していた。9月12日、マゾヴィエツキは、財務大臣兼経済改革担当副首相としてのバルツェロヴィチを含む新内閣の閣僚名を下院に提出し、承認を得た。こうして社会主義世界で初めて非共産党員を首相および主要閣僚とする政府が登場した。

　バルツェロヴィチは就任すると、チームを作って短期間に政府経済プログラム（バルツェロヴィチ・プラン）をまとめた。これは1990年1月1日に実施に移された。ＩＭＦを始めとする国際金融機関はバルツェロヴィチ・プランを積極的に支援した。ポーランド政府とIMFやアメリカ政府との橋渡し役を務めたのはジェフリー・サックス（当時、コロンビ

---

(15) 1949－63年に西独のアデナウアー首相の下で経済相を務め、「経済の奇跡」の立役者の評判を得た政治家。

ア大学教授）であった。彼は、ハイパーインフレで苦しんでいたボリヴィアで経済顧問を務め、成功したという実績をひっさげてポーランド政府顧問になった。彼は「連帯」幹部や新政府の当局者にたびたび会い、ショック療法が必要だと説いた。「そもそも『連帯』が結成されたのは、共産主義政権による大幅な価格引き上げへの反対からであったが、サックスの計画は、それと同じことをはるかに大きな規模で実施することを提案していた」（クライン、2011、249頁）ので、「連帯」指導者はサックスの考えにはなかなか賛同しなかった。それでも、彼らが最終的に同意したのは、「もし彼の新しい助言に従えば、ポーランドは特殊な国ではなく、『普通』になれる、すなわち『ヨーロッパの普通の国』になれるとうけあった」（クライン、2011、251頁）からである。西側諸国のパリ・クラブ（公的債務の債権者グループ）もポーランドの公的債務の約50％削減という非常に寛大な措置でポーランドを支援した。このことがポーランド経済の発展の方向を強く規定した。

4　ハンガリー事件

　私が中学1年生であった1956年10月にハンガリー事件が起きた。当時、私は時事問題に関心を持ち、新聞を毎日読んでいた。新潟県の貧しい農村に住んでいたので、「貧富の格差のない」と言われた社会主義への漠然とした憧れを持っていた。同年2月のソ連共産党第20回大会でスターリン批判があったことは言葉では知っていたが、実情はよく分からなかった。そして10月下旬、ハンガリーで大変なことが起き

ていることを知った。よくわからないものの、判官びいきで小さな社会主義国ハンガリーを応援した。この事件とほぼ同じ頃にスエズ動乱があり、そして11月にメルボルン・オリンピックがあった。ある日の新聞の一面に、オリンピックに参加したハンガリーの中距離走者が帰国せず、亡命したという記事が写真入りで載っていた。それまで私は亡命という言葉を知らなかったが、この記事により、ハンガリーでは自分の国を捨てなければならないほどの重大なことが起きていることを知った。私はのちに中東欧の地域研究の専門家になったが、その原点は13歳のときのこのショックである。

　ハンガリー事件については多くの書物や報道があるが、本格的な研究書が2020年に出版された。盛田常夫著『体制転換の政治経済社会学：中・東欧30年の社会変動を解明する』である。著者の盛田氏は法政大学の教員時代にハンガリーに留学し、その後1989年から90年にかけて外務省専門調査員として在ハンガリー日本大使館で勤務し、そのときに東欧の変革を目撃した。外務省の仕事が終って帰国し、法政大学に復帰した。しかし、「現地の歴史の証人でありたいという欲求を抑えることができず、1991年3月に大学を辞し」、再びハンガリーに渡った。民間の研究所の研究員を経て、ブダペストで日本企業の現地法人の経営者になった。ビジネスの傍ら、研究を続け、次々と鋭い分析に基づく著作を発表している。この著作の第8章はハンガリー事件の分析に充てている。著者は、「通史ではとらえきれない、歴史の生きた分析が必要」だとして回想録、口述記録、機密資料、ソ連共産党幹部会の討議を筆記したいわゆる「マリン覚書」、等のさまざまな資

料に基づいて、本格的な歴史分析を行った。著者は英語文献だけでなく、体制転換後公開されたハンガリー語やロシア語の資料を読み込んで、事件の全容を明らかにした。以下、この著作の第8章および鹿島（1973）に基づいて、事件の概略を紹介する。

　「1948年に入り、戦後の米ソ蜜月時代が終わり、世界は米ソの覇権をめぐる冷戦時代に突入」（盛田、2020）。晩年のスターリンは猜疑心をいっそう強めた。身近なところに「帝国主義のスパイ」が潜んでいるとして、それの摘発と処刑を東欧諸国に求めた。ハンガリーでは党書記長のラーコシは生贄を差し出す必要を感じた。国民の間で人気があり、ライバル視していたラースロー・ライク外務大臣を1949年5月、スパイ容疑で逮捕した。小型スターリンであったラーコシ書記長の判断により、ライクは拷問を受けたうえ処刑された（チェコでは、スランスキー書記長が犠牲になった）。

　1953年3月、スターリンが死去し、ラーコシは究極の後ろ盾を失った。二党間協議でソ連による批判があり、兼務した首相ポストをイムレ・ナジに渡した。しかし、1954年、ラーコシとゲルーは巻き返しをはかり、ナジは首相の地位から降りた。著者は、「ソ連共産党は四人組のなかでもっとも重大な責任を負っているラーコシとその片腕ゲルーに、引き続きスターリン以後のハンガリーの統治を任せた。スターリン時代の政治責任はファルカシュ・ミハーイに、イデオロギー・文化面での責任はレーヴァイに転嫁させた」。盛田は、「この曖昧な責任処理がハンガリー動乱を起こす遠因になった」（300頁、注67）と見ている。

1955年7月、ライクは名誉回復された。1956年2月のソ連共産党第20回党大会での秘密報告の中でフルシチョフ党第一書記は突如スターリン批判を行い、その後国内で非スターリン化を進めたが、この動きは東欧諸国にも波及した。ハンガリーでは、国民の間でライクやその他の犠牲者の名誉回復と真相究明を求める動きが強まった。7月、ラーコシは辞任し、ソ連に向かった。ナンバー・ツーのゲルーが書記長に就任した。1956年のスターリン批判と民主化の動きはライク処刑の全容解明の要求につながった。同年10月6日の再埋葬式には10万とも20万とも言われる多数の人々が参集し、その後の大衆的蜂起の出発点になった。10月22日、ブダペスト工科大学で学生と労働者が集会を開いた。ちょうどこの頃、前述のように、ポーランドでも政治的変化が起きていた。蜂起した労働者と統一労働者党との間で対立が起き、党は事態収拾のために、ゴムウカの党指導部への復帰を決め、大衆との妥協に向けて話し合いを始めた。それに納得しないソ連共産党はポーランド国境へ軍隊を移動させた。

　10月23日午後、ポーランドにおける緊迫した事態への連帯の意志を込めて、ブダペストの学生たちは広場に集結した。その後、学生たちは国会議事堂に向けて行進し、ナジ・イムレの登場を要求した。労働者集団の一部は英雄広場にあるスターリン像を打ち壊した後、16項目の要求事項の放送を求めて放送局に向かった。ナジはラジオ放送で短い演説をしたが、その内容は聴衆を満足させるものではなかった。ナジの後、ゲルーも演説したが、ソ連を擁護し、デモを「排外主義」「挑発」等と呼んで非難し、火に油を注ぐことになった。デモ隊

の一群は放送局内部からの銃撃にあった。この知らせは瞬く間に全市に広がり、群衆が兵器工場に押しかけて武器を取り、市街戦が始まった。このように混乱した状況下で10月23日の真夜中に党中央委員会が開かれ、ナジの首相復帰が決まった。討議の間、ゲルーとヘゲドュシュ（首相）はモスクワと連絡をとり、ブダペスト郊外に駐留していたソ連戦車部隊の出動を要請した。このあと、ナジが会議に呼ばれ、党と政府の人事が論じられ、決定された。24日早朝、ゲルーはラジオで中央委員会の人事とナジの首相復帰を発表した。その後、政府の名において戒厳令の布告とソ連部隊への援助要請が放送されたが、このことは、責任はナジにあるかのような印象を与えるものであった。ナジは同日午後になってようやくラジオでの演説を許された。その後、モスクワから駆けつけたミコヤンとスースロフはゲルーを強く叱責し、第一書記辞任を勧告した。ゲルーは辞任し、カーダールがその地位を継いだ（鹿島、1979、94－95頁）。市内要所でソ連軍戦車との交戦が起きた。

10月25日、ナジをラジオ放送で施政演説をした後、組閣にとりかかった。10月27日、ナジは党の改革派のほかに小地主党の政治家も加えた新政府を発表した。市街戦と労働者のゼネストはまだ続いていた。ナジは蜂起参加者のさまざまなグループと面談し、情勢把握に努めていた。ナジはフルシチョフに直通電話をかけ、ソ連軍の撤退を約束させ、同日夕方の政府声明で発表した。ナジと蜂起者グループ代表たちとの話し合いにより10月29日に戦闘停止の協定に達し、ソ連軍は翌日の10月30日にブダペストから撤退した。同日、ソ

連政府は「ソ連と他の社会主義諸国との間の友好と協力の発展といっそうの強化のための諸原則」を宣言した。その宣言の最後に「ソ連政府は、ハンガリー人民政府および他のワルシャワ条約加盟国と、ハンガリー内の他の地域におけるソ連部隊の存在問題に関して、交渉に入る用意がある」と言明した。この日、ミコヤンとスースロフが再度やって来て、複数政党制復活やワルシャワ条約脱退の可能性に触れたにもかかわらず、交渉は友好的に行われたという。しかし、この時点ではナジは自由選挙やワルシャワ条約機構脱退を決断したわけではない。

11月1日、全国各地からソ連軍の行動（新たに外からハンガリーに戦車が入ったようだ……小山）に関する報告と苦情が殺到し、モスクワへの直通電話にフルシチョフもミコヤンも出ないことを知ると、ナジはソ連大使を呼びつけた。大使は、新たな戦車はソ連民間人の帰国の安全を保障するものと釈明したが、ナジは、これはワルシャワ条約の規定にも違反すると主張した。この時点で、ナジはワルシャワ条約機構からの脱退を決意したのである。ただちに党幹部を集め、議論し、同じ結論に達した。その後、閣議が招集され、出席を求められたソ連大使の面前で、決議が承認された。この決定はただ

---

(16) 10月31日に英仏軍がエジプトのスエズに進駐し、スエズ動乱が起きた。これの対処のために英仏米の大国はくぎ付けになり、ハンガリー事件に際してソ連に強腰に出ることできなかったと思われる。この点については、鹿島（1973、100頁）を参照されたい。

ちにブダペストの外交団に伝えられ、国連事務総長にも伝えられた（鹿島、1973、95 — 102 頁）。

11 月 1 日、カーダール（政治局員、ナジ政府の大臣）はブダペストから姿を消した（事実上、ソ連による拉致）。彼はモスクワでソ連の指導者と協議した。結局、二度目の介入になるのだが、それに先立って、フルシチョフは東欧各国、とりわけユーゴの最高指導者および中国（当時、ポーランド問題を仲介するために劉少奇がモスクワに滞在）の支持を取り付けるために非常に気を使い、奔走していた。

11 月 4 日未明、ソ連軍の第二次介入が開始された。同日、カーダールは革命労農政府を樹立した。ナジはブダペストのユーゴ大使館に避難した。ユーゴは亡命受け入れの用意があった（11 月 2 日にわざわざユーゴを訪問したフルシチョフはチトーとこの点も協議した）。ところが、11 月 22 日、ナジが大使館を出たところを、当初の約束に反し、ＫＧＢ本部に連行され、それからルーマニアへ移送された。2 年後、ナジはハンガリーに連れ戻され、裁判を受け、処刑された。10 月から 11 月にかけてのソ連軍との衝突で 2,500 − 3,000 人のハンガリー人が死亡した。その後、20 万人のハンガリー国民が西側諸国へ亡命した。

10 月 23 日の党指導部（とりわけ、ゲルー）の不適切な対応がなければ、事態はポーランドのように平和的に解決され、ソ連軍の第一次介入は不要となり、したがって、第二次介入も起きなかったであろう。現実は最悪の結果となったのである。盛田（2020）は、「10 月 23 日の突然の蜂起にたいして、何時誰がソ連軍の侵攻を求め、それはいかにして軍事介入を

決断したのだろうか」と問う。軍事介入は、10月23日にゲルーが要請した。23日にソ連共産党幹部会の多数は軍事介入を支持したが、興味深いのは「ミコヤンだけがその後の決定に最後まで反対する姿勢をとった」こと、そして、「幹部会は全会一致の原則から外れ、ミコヤンが反対したまま、軍事介入した」ことである。「この突然のソ連軍の侵攻はソ連とハンガリーの指導部に対する国民の敵愾心」を煽り、双方に多数の死傷者が出た。これは「勇み足」であり、「ミコヤンの主張にそって、ハンガリー政府の自助努力に賭けるべきであった」（317 - 318頁）と盛田は言う。これは重要な論点である。

　カーダールは当初、ソ連軍の戦車に乗ってハンガリーに戻ってきた男として、ハンガリー国民の間では非常に評判が悪かった。しかし、彼は1961年11月に愛国人民戦線全国評議会での演説の中で「ハンガリー社会主義労働者党の敵でない者はその味方」だと述べ、ラーコシ時代の「われわれの味方でない者は、われわれの敵である」というような政策を転換し、国民との間の融和に努めた（鹿島、1979、127頁）。対外的にはソ連の政策には逆らわない代わりに、国内的にはフリーハンドを確保し、政治と経済の面での改革を徐々に進め、しだいに国民の高い支持を得るようになった。彼は1998年に党第一書記の地位から降り、翌年77歳で亡くなったが、自分が決断して処刑したナジの亡霊に生涯にわたって悩まされたという（盛田、2010、111 - 112頁）。

5 ルーマニア⁽¹⁷⁾

1）コメコンの中でのルーマニア

　私は 1966 年 12 月提出の卒業論文でルーマニアについて論じた。当時コメコン諸国の中で独自路線をとっていたルーマニアに興味をもったので、テーマは「社会主義的国際分業とルーマニア」にした。

　1962 年 8 月、ソ連のフルシチョフ第一書記は「世界社会主義の焦眉の諸問題」（フルシチョフ提案）を発表し、コメコンを超国家機関にしようという提案を行った。西欧 6 ヵ国によるＥＥＣ（欧州経済共同体）が 1958 年 1 月に発足し、それが順調に発展しつつあるのを見て、ソ連もそれに対抗するためにソ連ブロックも経済統合を進める必要を感じた。そのため、1949 年に発足したが開店休業状態にあった経済相互援助会議⁽¹⁸⁾（西側ではコメコンと呼ばれる）を超国家機関にし、加盟国全体をカバーする経済計画を立案して、それに基づいて加盟国が分業すれば加盟国全体の発展にとってもよいだろうと考えたのである。そうすれば、チェコスロヴァキアや東ドイツのように工業的に発展している先進国にはいっそう機械工業が割り当てられ、ルーマニアのような遅れた国は、農業が「比較優位」にあるので、加盟国全体の食糧基地の役割を

---

(17) この節の叙述は、小山（2002）を圧縮したものである。
(18)「経済相互援助」という美名にもかかわらず、発足当初は主に対ユーゴ経済封鎖のための仕事を担当していたが、1955 年にソ連とユーゴが和解したため、仕事がなくなった。

果たせばよいという理由で農業生産に専念させられることになる。しかし、ルーマニアは自国のような後進国でも機械工業を発展させたいという強い希望を持ち、フルシチョフ提案に反発した。具体的に問題となったのはガラツィの製鉄工場である。ルーマニアは1964年にいわゆる「ルーマニアの権利宣言」を発表し、ソ連の支持と援助がなくとも、西側の援助を受けてでも重工業化路線を進めることを決めた。

　両国の論争ではどちらも自分の立場を正当化するために、マルクスやレーニンの書物の中から自分に都合のよい部分を引用していた。たとえば、ソ連は、社会主義世界では単一の計画で生産が行われる傾向が生まれるというようなレーニンの言葉を引用していた。それに対して、ルーマニアは、社会主義になっても、国家とか民族という概念は相当長期に意味をもつのだというレーニンの言葉を引用していた。私は卒業論文執筆の過程で、コメコンの歴史や機構を調べるだけでなく、ルーマニアやその他の東欧諸国の歴史や現状も調べた。「ルーマニアの権利宣言」と呼ばれる文書を読みたくて、ルーマニア大使館を訪問し、それの英文テキストをもらったことがある。私は卒業論文では、コメコンの全体の効率を若干犠牲にすることになっても、低開発の社会主義国の経済的自立性を保証するために工業化は認められるべきだと、ルーマニア路線を擁護するような主張を結論で述べた。

　ルーマニアとのかかわり合いはそれっきりで終わった。というのは、大学院に進学したとき、指導教官の宇高基輔教授から、「東欧をやるのもよいが、社会主義経済はソ連が基本だから、まずソ連経済を研究したまえ」と言われ、素直にそ

のアドバイスに従ったからである。もう一つの理由は、卒業論文を書き終えるころには私のルーマニア熱はすっかり冷めてしまったことである。ルーマニア経済についてさまざまな資料を調べているうちに、ルーマニアの対外路線は華々しく、興味深いが、調べれば調べるほど国内的にはルーマニアは警察国家（ある業界紙で日本の商社マンがルーマニアはソ連以上に警察国家で息苦しい国だと書いたレポートを読んだ）で、ソ連と同様に（もしくはそれ以上に）スターリン主義的体制であることを知り、嫌気がさしてきたからであった。

2）チャウシェスク

　1965 年 3 月に最高指導者ゲオルギウ＝デジが亡くなった後、ニコラエ・チャウシェスクが共産党第一書記に就任した。彼はすぐにライバルを追放するのではなく、党の中央機関を拡大して、そこに自分の腹心を送り込むという方法で、党内における自分の権力を拡大していき、1969 年に権力を完全に掌握した。ルーマニアは 60 年代末、チャウシェスクはフランスのドゴール大統領を招いたり、ベトナム戦争のさ中にアメリカのニクソン大統領を招いたりするという独自外交を

---

(19) 上垣（1996）が歴史のねじれともいうべき現象を指摘しているのは興味深い。すなわち、「かつてソ連からルーマニアに流入したソヴィエト的な経済体制の構造をルーマニアの指導者たちは頑なに維持しようとする一方で」、「フルシチョフの新路線が持っていた開明的・改革的要素がルーマニア国内に入りこむことをルーマニアの指導者たちは許そうとはしなかった」ことである（140 頁）。

展開し、国際的に注目を集めた。国内的には、しだいにチャウシェスクの独裁傾向は強まり、経済不調で国民が苦しんでいる中で巨大な建造物作り[20]に熱中した。

　上垣（1995）は、1971年をルーマニア政治にとって決定的な転換の年であったとして重視している。前年から続く対ソ関係の冷却化、対米・対中国接近、ハンガリーとの関係悪化という情勢を背景に、チャウシェスクがルーマニア愛国主義を強調する文化・教育・イデオロギーキャンペーンをこの年に開始した。71年にはチャウシェスク書記長の夫人エレナが一人の政治的人物として登場した。注目すべきは、71年6月の中国・北朝鮮その他へのチャウシェスク夫妻の訪問旅行であった。上垣は「チャウシェスクがこの旅行中に、政治的・イデオロギー的動員の中国的方法と金日成の個人崇拝に多くを学んだはずだ」とし、「チャウシェスクとその夫人エレナは、毛沢東と金日成に匹敵する強大な権力を獲得しようとしていた」と述べている（196 − 197頁）。

　上垣（2000）は、ルーマニアがニクソンとキッシンジャーが始めた新たな外交戦略─デタント─に組み込まれていったと見る。ルーマニアはアメリカと良好な関係を保つことによってソ連を外交的・軍事的に牽制することができた。デタントはルーマニアに対外経済政策展開のチャンスを与えた。70年代初め、ルーマニアはガット、ＩＭＦ、世界銀行といった

（20）代表的なものはアメリカのペンタゴン（国防総省）よりも大きくて、俗にチャウシェスク宮殿と呼ばれるものである。これは現在、議会として使用されている。

西側の国際機関に加盟し、さらに、合弁事業法を制定して西側企業の誘致を試みた。

　70年代に多額の貿易赤字が累積していった。その原因は西側工業国に対する赤字であった。対発展途上国貿易では黒字を累積していたが、79年以降それは赤字に転じた。それは第2次石油危機による原油価格の急騰が関係していた。もともとルーマニアは東欧では数少ない産油国であるので、原油価格の急騰が貿易赤字拡大をもたらすのは一見不思議だが、「石油精製能力の過度の増大」（190頁）により、石油製品輸出を増大させようとすれば、自国産の原油だけでは足りず、ほかから原油を輸入せざるを得なくなり、その結果、貿易赤字が膨大なものとなったのである。

　1981年6月にルーマニアはＩＭＦのスタンドバイクレジットの供与を受けた。そのコンディショナリティ（融資のための条件）として、ルーマニアは自国通貨レイの切り下げ、為替レート制度改革、国内価格体系の変更を実施せざるを得なかった。「スタンドバイクレジット供与と引き換えにIMFが勧告する数々の政策を、ルーマニアは内政干渉と感じ始め」（216頁）、84年初めには、ルーマニアはIMFと対立状態に入った。84年11月の第13回大会での演説で、チャウシェスクは、世界的な高金利状態を批判し、低所得国の債務軽減の具体策を示し、ＩＭＦを非難した。そして、「次期5ヵ年計画の最初の2、3年の間に対外債務を完全に解消」すると述べた。こうして、西側工業国からの資金を導入して工業化するという彼の発展戦略の基本的部分は明確に捨て去られた。「しかも驚くべきことに、ルーマニアはその後数年のあ

いだに実際に債務を返済してしまった」（217頁）。81年末に99億ドルにまで達した対外債務（ネットで）がわずか7年3ヵ月で返済を終えたのである。それは見事なものであるが、そのために払った代償は非常に大きかった。

　ルーマニアが輸出したものは、なによりも石油、石油製品および関連製品である。80年代に、猛烈なエネルギー節約キャンペーンが繰り広げられた。82年以降、自家用車の走行制限、電気利用の制限、都市ガスの供給制限が頻繁に実施された。西側からの機械・設備の輸入は削減を余儀なくされた。交換部品の輸入途絶は、すでに据え付けられた機械の稼働を困難にした（219頁）。もともと農産物の輸出国ではあったが、外貨獲得のため、生鮮食品（きゅうり、トマトなどの）まで輸出に回したので、都市住民は生鮮食品の不足で苦しんだ。

　反体制派は不在であった。過酷なチャウシェスク体制の下で、反体制的な知的エリートや市民的な運動はことごとく弾圧された。ルーマニア当局は反体制の活動家には外国にまで刺客を差し向け、反対の芽を摘もうとした。1989年の東欧の変革は静かな革命として進み、次の言葉が象徴するように、加速度的にその歩みを速めていった。「ポーランド10年、ハンガリー10ヵ月、東独10週間、チェコスロヴァキア10日間、ルーマニア？[21]」。12月16日にルーマニアのティミショアラで始まった反チャウシェスクのデモが全土に波及した。21日に当局が動員した集会で演説するチャウシェスクは、群衆

（21）堀林（1990）p. i.　この言葉は当時、日本のさまざまな新聞で紹介された。

の後方から不満の声が上がると、動揺し、演説をやめた。翌22日、ブカレストのあちこちで反チャウシェスクのデモが組織され、軍と対峙した。デモ隊が共和国宮殿広場に向けなだれ込み、党中央委員会の建物に侵入し始めた。そのとき、チャウシェスク夫妻は屋上からヘリコプターに乗って逃亡した。[22] 権力の空白を埋めたのが救国戦線である。その指導者イリエスクは共産党のエリートであったが、1970年代初めにチャウシェスクの不興を買い、権力中枢から遠ざけられていた人物である。逃亡を企てたチャウシェスク夫妻はまもなくつかまり、軍の基地内に収容された。当時、「チャウシェスクに忠実な秘密警察部隊」がブカレストやその他の大都市で市民や軍に発砲を続けていた。チャウシェスク夫妻が生きている限り、戦闘が続くだろうと考え、救国戦線は二人を裁判にかけることを決めた。12月25日に軍事法廷が開かれ、チャウシェスク夫妻には死刑判決が下され、直ちに銃殺された（六鹿、2007年、257―262頁）。この模様はテレビで全世界に伝えられた。ルーマニアでは反体制勢力が育っておらず、また市場経済の発展を担う勢力も十分育ってない中で、実際起きたのは旧体制のエリート層の中での権力の水平移動であった。このことは、その後のこの国の経済発展を制約している。[23]

---

(22) 官製集会での演説で動揺し、演説をやめた場面や翌日ヘリコプターで逃亡した場面はテレビで全世界に報道された。

(23) 1990年代のルーマニア経済の動向については、吉井（2000）が非常に詳しい。

第4章　チェコ事件とは何であったのか

はじめに

　チェコ事件は簡単に言えば、1968年8月に、ソ連をはじめとするワルシャワ条約加盟の5ヵ国がチェコスロヴァキア⁽¹⁾に軍事介入して民主化運動を鎮圧したという出来事である。1968年は、アメリカが泥沼化したベトナム戦争の対応で苦慮していたときである。1968年1月に改革派のドゥプチェクがチェコスロヴァキア共産党第一書記に選出されて以来、この国では民主化が進んでいた。この動きを止めようとして、ソ連ならびに東独、ポーランドは軍事演習をバックに圧力をかけてきた。チェコスロヴァキアとこれらの国々との間の緊張は高まり、軍事介入も噂されたが、7月末から8月初めにかけての二国間会談ならび多国間会談でひとまず合意に到達し、緊張が和らいだ。当時、私は大学院でソ連経済の研究をしていたが、同時に「人間の顔をした社会主義」に期待をかけており、連日、新聞を読み、固唾をのみながらチェコスロ

（1）国名（チェコスロヴァキアとかチェコスロバキア）、地名、
　　人名は日本語ではさまざまに表記されているが、本文中では統
　　一した。ただし、日本語訳の書籍の著者名や書名には手をつけ
　　ず、そのままにしておいた。

ヴァキアの動向を追っていた。そして友人たちと、「ベトナム戦争はアメリカ帝国主義が起こしたものである。それに対して、社会主義諸国には他国を侵略する動機がない」という青臭い議論をしていた。そんなときに起きた軍事介入により、私はガツーンと頭を段られたようなショックを受けた。いまの若い世代は、チェコ事件やプラハの春がいったい何であったのかをよく知らない。私は 22 年前に編著『東欧経済』（世界思想社）を刊行したとき、戦後の東欧の歴史に関する章を執筆し、その中でチェコ事件についても簡単に論じた。そのときに利用できなかった二次資料に基づいて、チェコ事件とは何であったのかを若い世代に説明するのが本章の目的である。[2]

　今回、私が主に利用したのは、チェコ系のアメリカの政治学者イジー・ヴァレンタ（Valenta, Jiri, 1979, 1991）とアメリカの政治学者カレン・ドーイッシャ（Dawisha, Karen, 1984）の研究である。ヴァレンタの書物の初版はチェコ事件の 11 年後に発行されたが、第 2 版は、人々がペレストロイカのおかげで自由にものが言えるようになった時期にソ連や東欧諸国を再訪し、当時の関係者に行ったインタビューを盛り込んでいる。ドーイッシャは、情報公開されるようになったアメリカの国務省やＣＩＡの大量の資料を駆使してその本をまと

（2）草稿の段階で池本修一氏（日本大学教授）、松澤祐介氏（西武文理大学教授）、石川晃弘氏（中央大学名誉教授）、児嶋俊郎氏（長岡大学教授）、權五景氏（長岡大学教授）から有益なコメントをいただいた。ここに記して謝意を表したい。

めている。

1 前 史

　チェコスロヴァキアは第二次世界大戦以前に議会制民主主義を経験しており、また世界第 10 位の工業国であった。

　1946 年に行われた戦後最初の選挙で共産党は投票総数の 38％を得票した。社会民主党も躍進した。このような左翼勢力の躍進は、戦前、チェコスロヴァキアがミュンヘンの宥和で西側の大国（英仏）によって見放され、ナチス・ドイツの餌食にされたという事実と関係があると推測される。当時、チェコスロヴァキアは社会主義を目指していたが、それはソ連型ではなかった。1947 年に冷戦が始まり、米ソ間の対立が深まった。チェコスロヴァキア政府はマーシャル・プランの受け入れを希望したにもかかわらず、ソ連が反対したため、受け入れを断念せざるを得なかった。1948 年の 2 月事件により、共産党は単独で議会の過半数を握った。ソ連型の計画経済と中央集権的な経済管理方式を押しつけられた。スターリンの最晩年には「階級闘争激化論」に基づき、ソ連では再び粛清が行われたが、それは東欧諸国にも押しつけられた。チェコスロヴァキアでもスランスキー共産党書記長を含む多くの政治家が巻き込まれ、処刑されたり、投獄されたりした。1953 年 3 月、スターリンが死去した。チェコスロヴァキアの最高指導者ゴットワルド書記長はモスクワでの葬儀に参列したが、そこでひいた風邪がもとで 1 週間後に死亡した。アントニン・ノヴォトニーが党第一書記の地位を継ぎ、

1957 年には大統領の地位も継いだ。1956 年 2 月のソ連邦共産党第 20 回党大会でフルシチョフ第一書記が秘密報告でスターリン批判を行い、ソ連では非スターリン化の動きが始まった。1962 年の第 22 回党大会で非スターリン化の動きが加速した。チェコスロヴァキアではノヴォトニーは古い政治家を追い落とし、若手を抜擢するなど巧妙に振舞い、申し訳程度の非スターリン化しか実施しなかった。

　1960 年代に入ると、ソ連・東欧諸国ではのきなみ経済成

（3）　2 月事件または 2 月クーデターは、その評価の違いにより呼び方が異なる。『戦車と自由』Ⅰの説明（46 – 56 頁）を要約してみよう。1946 年 5 月の選挙における得票率は共産党が 37.56％、社会民主党が 12.81％、国民社会党（ベネシュ大統領の政党）が 18.31％、人民党（カトリック）が 15.82％であった。共産党は 300 議席のうち 114 議席を得た。社会民主党の 39 議席と合わせて、かろうじて左翼が過半数を占めることができた。共産党指導者ゴットワルトを首相とする国民戦線政府の閣僚 23 名のうち、共産党員が 9 名、社会民主党員が 3 名，穏和派の政党が合わせて 9 名、無所属が 2 名（ヤン・マサリク外相とルドヴィク・スヴォボダ国防相）であった。1947 年中頃まで、プラハでは左翼から右翼にいたるまで、誰一人次の 4 点を疑問視しなかった。(1) ロシアとの同盟の必要、(2) 西側との友好的通商関係の必要、(3) 議会制度の保持、(4) 第一党党首のゴットワルトを首相の座にとどめておくこと。ところが、1947 年 6 月のマーシャル・プラン問題により、左右の間で対立が生じ、1948 年 2 月にはプラハ地区の 8 名の警視の左遷命令（警察の人事権は共産党員の内務大臣が握っていた）で対立は頂点に達した。国民社会党とその他右翼政党は、内閣総辞職に追い

長率が鈍化しだした。それまでの消費財生産を犠牲にして、重工業に優先的に投資するやり方ではうまくいかなくなったのであり、効率性向上を重視する内包的な経済発展が必要となった。それゆえ、1960年代半ばにソ連・東欧諸国では相前後して経済改革が実施された。なかでも、チェコスロヴァキアでは1963年には社会主義諸国の間で初めてマイナス成長を記録した。他の国々と共通の原因のほかに、独自の原因もあった。コメコン（正式名称は経済相互援助会議、経済統合

込み、総選挙で反共連立派が勝利をおさめるために、非共産党閣僚の一斉辞職を計画した。しかし、この計画を察知した共産党は労働者民兵（武器を持つ労働者）を動員した。国民社会党とその他右翼政党の閣僚は辞表を大統領に提出したが、社会民主党は迷っていた。大統領は、社会民主党が態度を決定せぬかぎり辞表を受理しないという意向を示した。ところが共産党は、辞表を早く受理するよう大統領に迫った。土壇場になって、社会民主党は辞職に反対という通告を大統領に届けた。これは穏和派にとって痛烈な打撃であった。社会民主党と2名の無所属閣僚が辞表を出さなかったので、辞職者の方が少数派となった。国防相のスヴォボダ将軍は陸軍の統一という神聖な原則のもとに、政争に巻き込まれないことにし、2月23日から部隊を兵営内に禁足させることにした。2月23日の朝、市民が目を覚ますと、プラハは事実上共産党の支配下におかれていた。ゴットワルトはその日のうちに内閣改造を済ませた。辞職した閣僚の代わりに、それぞれの出身政党から別の人物（ゴットワルトに協力的な）を入閣させることにした。2月25日、大統領は新政府の閣僚名簿に署名した。翌朝、プラハは完全に平穏になった。

の社会主義版）諸国の中でチェコスロヴァキアは先進国として機械を他の加盟国に供給する役割を担ってきた。チェコスロヴァキアは自身の近代化のために西側諸国の最新の機械や技術の導入を必要としていたが、それの輸入に必要な外貨を十分に持っていなかった。コメコン貿易で黒字になったとしても、獲得した振替ルーブリは西側諸国との貿易には使えなかったのである。

1963年初め、若手の経済学者ラドスラフ・セルツキー[4]は計画崇拝を公然と攻撃した（ティグリッド、1978、126頁）。科学アカデミー経済研究所の所長オタ・シクを中心に経済計画案が練られた。1965年に中央委員会により改革案が承認された。初期の改革の青写真は、ハンガリーの新経済政策（NEM）に類似するものであった。67年に試行され始めた新しいシステムの主要な理念は、以下のようなものであった。指令型計画化と割り当て配分は廃止される。計画を市場メカニズムによって補完する。計画はマクロ経済的発展にのみかかわる。国家は間接的な経済的な規制用具を用いて調整する、すなわち、長期的には財政政策により、短期的には通貨政策、価格政策によって経済を調整する。専門別省は廃止され、企業は市場で自主性をもって活動する。外国貿易の国家独占は廃止され、分権化される。競争を促進するため、経済は徐々に世界市場に開放される。一般従業員の代表を管理機構に加えることによって企業の民主化（労働者評議会の導入）をは

（4）セルツキーの改革構想については、次の論文を参照。
Selucky (1988).

かる。

　チェコスロヴァキアの改革のユニークなところは、政治的な民主化が遅れていたがゆえに、このような経済改革のプロセスが政治改革のプロセスに連動したことであった。

当時の国際環境

　アメリカは南ベトナムを支持してインドシナに1960年代初めに軍事介入したが、ベトナム戦争の泥沼化により困っていた。米兵士の戦死者が増えるなかで国内では反戦運動が強まっていった。経済的にも戦費が膨れ上がるとともに、インフレが進行していった。1968年3月31日にジョンソン米大統領は同年11月に予定されていた大統領選挙への不出馬を表明し、5月には、北ベトナムとパリで和平交渉を始めることを発表した。ベトナム戦争の早期終結が大きな課題となり、それ以外のことまで手を広げる余裕はなく、米政府はソ連との関係改善に意欲を示していた（油井、2018、参照）。

　1964年10月、ちょうど東京オリンピックが開催されていたときに、ソ連の最高指導者フルシチョフの失脚のニュースが報じられた。彼は政治局会議で党第一書記と首相の地位から解任され、後任の党第一書記（後に党書記長）にはブレジネフが、首相にはコスイギンが就任した。1965年に経済改革が始まった。対外的には、ソ連は中国との関係で苦慮していた。1950年代末から中国との関係は悪化し、イデオロギー・レベルの対立から国家間の対立へ高まった。そのうえに、中国は1966年に文化大革命を開始し、ソ連を「社会帝国主義」として批判していた。国際共産主義運動への中国の影響を無

チェコ事件年表

1968年		チェコスロヴァキア		ソ連・東欧および世界の動き
1月	3-5	党中央委員会総会、ノヴォトニー第一書記解任、後任に ドゥプチェクを選出		
	29-30	ドゥプチェク、モスクワ訪問		
2月	22-23	「2月事件」20周年式典にソ連・東欧首脳出席	1月	30	南ベトナム全土で解放戦線と北ベトナム人民軍によるテト攻勢
	25	シェイナ将軍、アメリカに亡命	2月～3月		ポーランド、ミツキエヴィチの詩劇『父祖の祭り』上演打ち切り命令に学生や文化人が反発、政情不安
3月	5	党幹部会、検閲の緩和を決定	3月	6-7	ソフィアでワルシャワ条約機構会議、ルーマニアのチャウシェスク書記長批判的発言
	21	ノヴォトニー、大統領を辞任		23-24	ドレスデンでワルシャワ条約6カ国首脳会議
	30	国民議会、スヴォボダ将軍を大統領に選任		31	ジョンソン米大統領、選挙に不出馬を表明
4月	8	チェルニークを首相、クリーゲルを国民戦線議長に選出			
	10	共産党、「行動綱領」発表			
5月	1	メーデー祭典			
	4-5	ドゥプチェクほか3人訪ソ			
	17-22	グレチコ元帥を団長とするソ連軍事代表団、来訪	5月	8	5カ国首脳、モスクワで会談
	17-25	コスイギン・ソ連首相、カルロヴィ・バリで「休養」		13	パリ和平会談開始
	25	ビリャーク、ウクライナ第一書記ジェレーストと友好集会に際して国境で会談		14-18	ドゴール仏大統領、ルーマニアを訪問

106

月	日	出来事	月	日	出来事
6月	20	ワルシャワ条約軍、チェコスロヴァキア領内で演習	6月	7	ウルブリヒト、西独の架け橋政策を非難
	27	「2000語宣言」新聞各紙に掲載			
	30	ワルシャワ条約軍の演習終了、ソ連軍は残留			
7月	15	ブレジネフ将軍、記者会見でワルシャワ条約を批判	7月	14-15	5ヵ国首脳、ワルシャワで会談
	19	党中央委総会、幹部会返書を承認			
	29–	チエルナ・ナド・ティソウ会談			
8月	3	ブラティスラヴァ会談			
	9-11	チトー、プラハ訪問	8月	16	『プラウダ』は「ブラティスラヴァ宣言」をチェコスロヴァキア側が不履行と非難
	15-17	チャウシェスク、プラハ訪問			
	17	ドゥプチェク、国境付近でカーダールと会談			
	20	ワルシャワ条約5ヵ国の軍隊、国境を突破（23時）			
	21	党幹部会、軍事介入非難声明（午前2時），ドゥプチェクら改革派指導者、逮捕、ウクライナへ連行			
	22	チェ・カ・デ工場で第14回党大会開会		23	スヴォボダ大統領、モスクワへ飛ぶ
	27	チェコスロヴァキア代表団帰国		24-26	ドゥプチェクらモスクワ会談に合流。議定書
	28	フサーク、第14回大会への疑義表明			
1969年					
1月	1	チェコスロヴァキア連邦が発足			
4月	17	党中央委総会、ドゥプチェクの第一書記辞任を承認、後任にフサークを選出			

出所：Dawisha (1984), Valenta 1979) および平田 (1984) に基づき、私が作成。

視できず、ソ連は中国の独善主義批判を強め、1968年11月に世界共産党会議をモスクワで開催し、中国包囲網を構築しようと努力していた。ルーマニアはコメコンにおける自分の役割に不満をいだき、1964年に独自の外交路線を歩み始め、1968年5月にはフランスのドゴール大統領を招き、その独自路線を内外にアッピールした。そのため、ソ連とルーマニアとの関係はギクシャクし、1968年にたびたび開催されたワルシャワ条約加盟国の首脳会議には招かれなくなった。ソ連は社会主義陣営の盟主として北ベトナムを支援しており、アメリカとは多くの点で対立していたが、経済発展の促進のため、軍事費負担を軽減するという点ではアメリカの利害と一致し、そのためアメリカとＳＡＬＴ（戦略兵器削減交渉）、核不拡散の交渉に入ることに大きな関心をもっていた。

　ヨーロッパでは、西独は1955年にソ連と国交回復して以来、ソ連以外で、東独を承認した国とは国交を断絶するという「ハルシュタイン原則」に基づく外交政策をとってきた。しかし、1960年代半ばに米ソ間の緊張が緩みだすと、この政策は行き詰まりを見せた。1966年12月にキリスト教民主党と社会民主党の大連立により、キージンガー政権が発足した。その下で社会民主党のブラント外相が東方外交政策を推進し、1967年1月にルーマニアを、1968年1月にはユーゴスラヴィアを国家承認した。この西独の政策にソ連・東欧諸国は戸惑いを見せ、とくに東独は警戒感を強めた。ソ連は西独に対して警戒しつつ、経済協力を強めたいという意向を持っていた。東独は独立国家として国際的に承認されること、とくに西独によって承認されることを重視していた。東独と

ポーランドにとっては、オーデル・ナイセ川を東の国境として承認することが重要であり、この点を曖昧にして東方外交政策を進めることに両国は強く反発していた。

2　1968年──「プラハの春」

「プラハの春」は、1968年1月初めにチェコスロヴァキア共産党の穏健改革派の指導者ドゥプチェクが党第一書記に選出されてから始まった民主化運動のことである。検閲の廃止により文芸雑誌や新聞などが活発に自分の意見を表明するようになり、ドゥプチェクによる改革は国民から大きな支持を受けるようになった。しかし、活発な民主化の動きはドゥプチェクらの予想を超える勢いで進み、ソ連や他の東欧諸国からの疑念を招き、8月の軍事介入により鎮圧されることになる。以下、その経過を紹介する。

トップの交代

チェコスロヴァキアでは、スターリン主義者のノヴォトニーが60年代後半においてもなお権力のトップに座り続けていた。経済改革を推し進めるためには、その政治的障害を取り除くことが急務となった。

もう一つ大きな政治的テーマとなったのがスロヴァキア[5]の問題である。オーストリアが第一次世界大戦で敗北し、1918

（5）スロヴァキアの歴史、文化、社会については、石川（2006）を参照。

年にハプスブルグ帝国が崩壊することにより、チェコスロヴァキアという国が誕生した。しかし、スロヴァキアは1,000年近くハンガリーの支配下に置かれた。チェコ人とスロヴァキア人は似た言語を話すが、異なる歴史をもつ。その歴史と地理を反映し、チェコ人は西ヨーロッパ的な文化や政治風土に親近感を持っていたのに対して、スロヴァキアでは市民社会の発展が相対的に遅れていた。スロヴァキア人は戦前も戦後も、統一国家の中で不利な扱いを受けているという不満を抱いていた。1938年のミュンヘンの宥和の後、ナチス・ドイツはスロヴァキア人の屈折した感情を利用し、チェコの独立を奪う一方、スロヴァキアには名目的な独立を許し、傀儡国家を樹立した（斉藤、1965、参照）。スロヴァキア・ナショナリズムを代表する指導者がグスタフ・フサーク（1913 – 1991）であった。彼は戦前からの共産主義者で、スロヴァキアのソ連邦への併合を主張したこともあり、ドイツの占領下1944年の失敗したスロヴァキア蜂起の指導者であった。戦後、1951年に逮捕され、1954年に「スロヴァキア民族主義者」として終身禁固の刑に処せられたが、1963年に釈放され、復権した。フサークはチェコスロヴァキアを連邦国家に再編する要求を掲げ、スロヴァキア人の間で急速に支持を増やしつつあった。

1967年11月の党中央委員会総会は、ノヴォトニーが兼任していた大統領と党第一書記の職務を分離することを決めた。ノヴォトニーは抵抗し、ブレジネフの介入を要請した。12月にブレジネフはプラハを訪問したが、ノヴォトニーのあまりの不人気のため、「それは君たちの仕事だ」と言い残

して、帰国した。1月初めの党中央委員会でノヴォトニーは党第一書記の地位から解任され、後任には、46歳の穏健改革派のアレクサンドル・ドゥプチェク（1921 — 1992）が選出された。彼は1925年春両親や兄と一緒にソ連に移住し、1938年11月に帰国し、1939年にチェコスロヴァキア共産党に入党した。彼は1949年に地方の党書記になり、1955年から58年にかけてモスクワの政治大学へ派遣され、エリート・コースを歩み、1963年4月にスロヴァキアの第一書記に就任し、チェコスロヴァキア共産党幹部会員も務めた。ノヴォトニーの後任の第一書記の選出に際して党幹部会員、同候補および党書記の会議では最初、首相のレナールトや副首相のチェルニークなど多くの名前が挙がったが、いずれも過半数の支持が得られなかった。最終的に、チェコの改革派の政治家とスロヴァキア民族主義者からも支持の得られるドゥプチェクに決まったのである。彼は、ソ連での生活が長く、ロシア語が堪能であることもあり、当初、ソ連指導部からの受けもよかった。

　こうして、共産党主導で民主化が開始された。1月初めの党中央委員会総会開催時にノヴォトニーの失脚を阻止するために軍隊を使うこと画策した中心人物として報告書の中で名前を挙げられたヤン・シェイナ将軍が2月24日突然アメリカへ亡命した。3月14日、ヤンコ国防次官が自殺した。こうしたことも響き、ノヴォトニーはついに3月21日に大統領職からも辞任せざるをえなくなった。3月30日、国民議会はルドヴィク・スヴォボダ将軍を新大統領に選出した。彼はナチス占領時に抵抗運動に参加し、ソ連で結成されたチェ

コスロヴァキア部隊を指揮したこともあり、ソ連指導部からの受けもよかった。国防相、軍事アカデミー総裁を歴任し、1959 年に引退した。1968 年、彼はすでに 73 歳であったが、請われて大統領になったのである。

　その間、ドゥプチェクはブレジネフからの公式招待を受けて 1 月 29 日と 30 日、モスクワを訪問した。ソ連共産党政治局メンバーとの会議はまるで口頭試問のようであった。チェコスロヴァキアの国内情勢をどうとらえ、どういう政策をとろうとしているのかというブレジネフの質問に対して、ドゥプチェクは次のように答えた。「チェコスロヴァキアの歴史的な背景と現状を説明するとともに、社会主義をチェコスロヴァキアのような工業化された国（少なくとも、西部地域はそうだ）に導入するということが、どういうことなのかを説明しようとした。さらに、チェコスロヴァキアの社会がずっと以前から近代的な政治制度、政治風土に慣れ親しんできたこと、現在の政治システムがそういう環境には適さず、むしろ緊張と対立を生み、社会の停滞と危機の原因になっていることを指摘し、社会主義のシステムをチェコスロヴァキアで有効に機能させるには、これまでのやり方を変えていくことが絶対に欠かせないと力説した」（ドプチェク、1993、235 頁）。彼は、言葉をつくして説得を試み、自分たちがやろうとしていることが、ソ連やワルシャワ条約機構の利害、あるいはソ連ブロックの経済協力体制と何ら矛盾するものではないことを説明したが、明らかにソ連側は気に入らなかったようだと語っている（同上書、236 頁）。

　ドゥプチェクの政治手法については、ムリナーシ（1980）

表1　チェコスロヴァキアの政治指導者　196 年4月〜8月

O. チェルニーク	首相	幹部会員	○
A. ドゥプチェク	党第一書記	幹部会員・書記局員	○
D. コルデル		幹部会員・書記局員	×
V. ビリャーク	スロヴァキア党第一書記	幹部会員	×
J. ピレル		幹部会員	△
E. リゴ		幹部会員	△
J. シュパチェク		幹部会員	○
F. バルビレク		幹部会員	△
F. クリーゲル	国民戦線議長	幹部会員	○
J. スムルコフスキー	国民議会議長	幹部会員	○
O. シュヴェストカ	『ルデ・プラヴォ』編集長	幹部会員	×
J. レナルト		幹部会員候補・書記局員	△
A. カペク		幹部会員候補	×
B. シモン	プラハ市党第一書記	幹部会員候補	○
S. サドフスキー		書記局員	○
C. ツィーサシ		書記局員	○
A. インドラ		書記局員	×
Z. ムリナーシ		書記局員（6月〜）	○
V. スラヴィーク		書記局員	○
O. ヴォレニーク		書記局員	○
E. エルバン		書記局員	△
M. ヤケシュ		党中央監査委員会委員長	×
その他の指導者			
L. スヴォボダ	大統領		○
J. ハーイェク	外相		○
V. プルフリク	党中央委国防安全保障部長		○
M. ズール	国防相		△
J. パーヴェル	内相		○
O. シク	副首相（経済担当）		○
G. フサーク	副首相		△→×

出所：Dawisha(1984),pp.383-384

備考：○改革派、×保守派、△中間派　以上は、Valenta（1991）を参考にして私が判定。

が次のように説明している。「自分の意図を権力者のことばによって、強者の指示や命令によって実行することは、前からドゥプチェクの性に合わなかった。かれは本当に、自分の、自分でいったように、『ぼくの方策の必要を同志たちに説得』しようと努力した。すなわち、自分の意図が必要で客観的に不可避の措置だと思われるような状況を作り出そうと努力した」（150頁）。

検閲の廃止

　党幹部会は3月5日の会議で検閲の廃止を決めた。ムリナーシによると、それよりも前の2月中ごろノヴォトニー体制のナンバー・ツーであったイジー・ヘンドリフ（当時、幹部会員でイデオロギー担当書記）が『リテラールニー・リスティ（文芸新聞)』（作家同盟の週刊新聞）の復刊を許可した。これはチェコのインテリの中核的なメディアであったが、1967年秋にノヴォトニーが禁止した。当時これの復刊が問題となっていたが、これの再許可は実際上一切の検閲の廃止を意味したという（ムリナーシ、1980、142頁）。保守派の政治家がこの新聞の復刊をあっさり認めた理由は不明だが、彼なりに民主化の流れに乗ろうとしたためかもしれない。だが、彼は4月初めには辞任に追い込まれた。

　ドゥプチェク第一書記は、社会制度にかかわりなく、すべてのヨーロッパ諸国との正常な関係の樹立の意向を表明した。3月19日、チェルニーク副首相兼国家計画委員会議長はモスクワを訪問し、コスイギン首相およびバイバコフ・ゴスプラン（国家計画委員会）議長と会見した。1971－75年

計画の両国間での調整が議題であったが、ここで、チェルニークは、改革が必要であり、そのために西側との貿易を拡大する必要を主張した。

スタートして間もないドゥプチェク指導部に対して冷たい風が外から吹き始めた。3月22日にドレスデンでソ連のほか東欧5ヵ国の首脳が会談することになった。これはポーランドと東独の強い圧力を受けて、ソ連が召集したものであった。ルーマニアは招かれなかった。事前の連絡では、ドレスデンでの会議は、経済協力が議題のはずであった。ところが、ワルシャワ条約軍の演習、国際情勢とくに中欧の情勢、そしてチェコスロヴァキアにおける出来事が議論された。ソ連ならびに東独、ポーランド、ブルガリアの首脳は口々にドゥプチェク指導部がチェコスロヴァキアの状況をきちんと「掌握」していないとか、「反革命的」な意見を「放置」していると、チェコスロヴァキアを批判した（ドプチェク、1993、247頁）。チェコスロヴァキア側は西側から外貨ローンを得ること、そして自国のニーズに合うように貿易関係を再構築する願望が表明されたが、それを思いとどまらせるためにソ連と東独はチェコスロヴァキアにソフト・カレンシーでの大幅信用供与の可能性を考えることに同意した（しかし、ソ連と東独によるローンの具体的な話は先延ばしされ、実現されることはなかった）。ソ連・東欧の指導者たちは、チェコスロヴァキアにおけるマス・メディアや大衆組織の活性化に神経を尖らせた。

党中央委員会は4月5日に開催された総会で指導部の入れ替えを行った。ノヴォトニー体制を支えた多くの幹部が幹部

会から退陣もしくは降格した。首相で幹部会員でもあったレナールトは幹部会員候補兼書記となった。代わって、改革派からはスムルコフスキーとクリーゲルが幹部会員になり、ツィーサシとスラヴィークが書記局に入った（ムリナーシは6月総会から）。国家レベルでは、4月8日にチェルニークが政府首相、スムルコフスキーが国民議会議長に就任した。幹部会と書記局のメンバーの大部分はノヴォトニーの排除では結束してきたが、ソ連の働きかけを受けて、指導部は改革派と反改革派（ソ連盲従組）に割れ始めた。

行動綱領

4月の党中央委員会総会は「チェコスロヴァキア共産党行動綱領」を採択した。これはコルデル幹部会員兼書記の下に組織された作業委員会が1月に作成にとりかかったものである。作業委員会には科学アカデミーに勤務していた法律家のムリナーシなど十数名の理論家が入っていた。ドゥプチェクと同様、ムリナーシは将来的には複数政党制の可能性もありうると考えていたが、この段階ではそれには言及しなかった。「この文書は『プラハの春』の公式の政治綱領として承認された」（ムリナーシ、1980、128頁）。これの意義は、社会主義社会においてヒューマニスティックで民主主義的な価値を優先したことにある。「行動綱領」は5つの部分からなり。要約すると次のようになる（『戦車と自由』I、189 - 242頁）。

・社会主義へのチェコスロヴァキアの道

深刻な社会的危機は、古い指令管理制度の維持とその不断のくり返しによってもたらされた。根源的には、政治制度の

歪み、ノヴォトニーの個人崇拝に問題があった。「行動綱領」は党の指導的役割についての新しい解釈を打ち出し、次のように述べている。党は社会を支配するのではない。過去において党の指導的役割はしばしば党機関に独占的に権力を集中することであると考えられていた。これは、党はプロレタリアート独裁の道具であるという誤ったテーゼに照応していた。社会主義国家の民主的な規則の枠で、共産主義者は党路線に対する大多数の人民の自由意志による支持を得るためにくり返し努力しなければならない。

・社会主義的民主主義の発展

国民に外国旅行の権利の保証、過去における専制の犠牲者の復権と補償、国家保安機関の粛清と再編成を約束する。チェコ人とスロヴァキア人の平等を保証する。

・国民生活と生活水準

生活水準の向上は経済政策の緊急な課題である。企業に大きな権限を与える。市場を重視するが、それは資本主義的市場ではなく、社会主義的市場であり、規制された市場である。国際分業に効率的に参加する。

・科学、教育および文化の発展

創造的な科学研究を促進、教育の発展のために社会的資源をこれまでより多く割り当てる。社会主義の人道主義的、民主的性格を重視する。検閲制度の廃止、芸術活動の自由、芸術作品を公衆に発表する権利を守り、保証する。

・国際的地位と外交

外交政策の基本的方向は、ソ連および他の社会主義諸国との協力と同盟である。経済相互援助会議（コメコン）とワル

シャワ条約の共同行動をより積極的に推進していく。米国の侵略と闘うベトナム人民の勇敢な闘争を引き続き支援し、中東危機の政治的解決に努める。

「行動綱領」に勇気づけられて、国民、マス・メディア、芸術団体は積極的に発言しだした。それゆえ、この改革の動きは「プラハの春」と呼ばれた。当時、最も人気のあったスローガンは「人間の顔をした社会主義」である。労働者の職場レベルでも変化があった。自主管理運動が「68年に入ってから職場レベル、工場レベルで当初は自生的なかたちで進展しだしたが、同年春ごろから一定の制度形成へと進みだし」（石川、1983、29頁）た。このときほど、チェコスロヴァキア共産党が国民から大きな支持を得、その権威を高めたことはなかった。

ティグリット著『プラハの春』の訳者内山敏は訳者あとがきの中で次のように述べている。「昨年いまごろ［1968年4月］は、ノヴォトニー体制の崩壊とドゥプチェク新チームの新路線の発足につれて、チェコスロヴァキアの国民は長い〝冬の時代〟——過去20年にわたるスターリン主義的な支配——から解放されて、久しぶりに自由の春を謳歌していた時代であった。ことに3月上旬、検閲が事実上廃止されたのちでは、長い間胸にたまっていながらもだれも口に出せなかった鬱憤が、せきを切ったように一度にどっとあふれ出だし、それまでとはうって変わって、まことに百家争鳴、百花繚乱の感があった」（301頁）。これ以上にたくみに53年前の「プラハの春」の雰囲気を表現するのは難しい。

近隣のソ連、とくにウクライナ、そして東ドイツとポーラ

ンドの指導者たちはこのような傾向に自国の国民が「感染」することを恐れ、圧力をかけた。ソ連共産党政治局の中ではウクライナ共産党の第一書記を務めるシェレースト、党統制委員会議長のペリシェ（ラトヴィア出身）、ベラルース共産党第一書記のマシェロフ（政治局員候補）が強硬であった。とくに、シェレーストはスロヴァキアの地方都市プレショフの放送に神経を尖らした。この都市およびその周辺にはウクライナ人が多く住む。ここからのウクライナ語での放送により、チェコスロヴァキアの改革運動の進展に関する情報がウクライナ国民に伝わるのをシェレーストは非常に懸念していた。

　プラハのメーデーには40万人が参加した。「熱狂的で歓喜に満ちた雰囲気は、他の首都における通例の比較的整然とした地味なパレードとは著しい対照を成した」（Dawisha, 1984, p. 71）という。私には、このときドゥプチェクら改革派が率いるチェコスロヴァキア共産党はかつてないほど国民から強く支持されていたと思われるが、ドーイッシャが指摘するように、逆にこの頃までにソ連ならびに東独とポーランドの指導者はチェコスロヴァキアにおける出来事から否定的な結論を引き出しつつあった。ドゥプチェク、スムルコフスキー、チェルニーク、ビリャークの4人がソ連指導部から召喚された。彼らが5月4日深夜（午前2時）にモスクワに到着すると、直ちに会談が始まった。ソ連側の代表団はブレジネフ、コスイギン、ポドゴルヌイの3人の政治局員およびカトゥシェフ書記（東欧諸国担当）とルサコフであった（Dawisha, 1984, p. 71 – 72）。ローン申請を含む経済問題も議論されたが、ソ連指導部が最も気にしていたのは、「反社会主義的活動の増

加」であった。ソ連指導部は、ＫＡＮ（非政党活動家のクラブ）とＫ231（共和国防衛のための1948年の法律 No. 231 の下で投獄されたいかなる人にも開かれた人権クラブ）および類似の団体の抑圧、検閲の再導入を要求した（Dawisha, 1984, p. 74）。

　5月8日にチェコスロヴァキアを除く5ヵ国首脳のモスクワ会談が開催された。東欧諸国から各1名参加したのに対して、ソ連からは3人の政治局員、ブレジネフ、コスイギン、ポドゴルヌイおよびカトゥシェフ書記が参加した。東独のウルブリヒトはチェコスロヴァキアにソ連軍を恒久的に駐留させるよう要求した。経済制裁も論じられたが、ハンガリーのカーダールはいかなる制裁にも反対した。ブルガリアのジフコフはつねにブレジネフの主張に追随した。ソ連指導部内に分裂が存在したようである。東欧諸国の代表と比べてソ連代表団が不釣合いなほど大きいことは、ソ連の指導者の誰一人、政治局全体の意見を適切に代表できなかったことを示唆したとドーイッシャは見ている（Dawisha, 1984, pp. 99 − 100）。

　ヴァレンタによれば、ソ連共産党は一枚岩ではなかった。スターリン時代とは違い、党書記長といえでも絶対的な権力の持ち主ではなく、「同等者のなかの第一人者」（primus inter pares）であった。チェコスロヴァキアに対する対応では各政治局員の判断は異なっていた。介入に積極的な者から慎重な者もいたが、ヴァレンタは「タカ派」とか「ハト派」は存在せず、むしろ違いは戦術的であったと言う。置かれた立場により主張の力点が違うようである。たとえば、ウクライナ共産党第一書記のシェレーストはチェコスロヴァキアの改革運動がウクライナ、とくにザカルパチアの分離運動を刺

表2　ソ連の政治・軍事指導者

V. I. ブレジネフ	党書記長	政治局員・書記局員	△
G. I. ヴォロノフ	ロシア共和国政府首相	政治局員	
A. P. キリレンコ		政治局員・書記局員	
A. N. コスイギン	ソ連政府首相	政治局員	○
K. T. マズーロフ	ソ連政府副首相	政治局員	
A. Ya. ペリシェ	党統制委員会委員長	政治局員	×
N. Y. ポドゴルヌイ	最高会議議長	政治局員	×
D. S. ポリャンスキー	ソ連政府副首相	政治局員	
M. A. スースロフ		政治局員・書記局員	○
A. N. シェレーピン	全ソ労働組合議長	政治局員	×
P. Ye. シェレースト	ウクライナ党第一書記	政治局員	×
Yu. V. アンドロポフ	KGB議長	政治局員候補	
V. V. グリシン	モスクワ市党委員長	政治局員候補	×
P. N. デミチェフ		政治局員候補・書記局員	
D. A. クナーエフ	カザフスタン党第一書記	政治局員候補	
P. M. マシェロフ	ベラルース党第一書記	政治局員候補	×
V. P. ムジャヴァナーゼ	グルジア党第一書記	政治局員候補	
Sh. R. ラシドフ	ウズベキスタン党第一書記	政治局員候補	
D. F. ウスチノフ		政治局員候補・書記局員	
V. V. シチェルビツキー	ウクライナ政府首相	政治局員候補	△
その他の重要人物			
I. V. カピトーノフ		書記局員	
K. F. カトゥシェフ		書記局員	○?
F. D. クラコフ		書記局員	
B. P. ポノマリョフ		書記局員	○
M. S. ソロメンツェフ		書記局員	
A. A. グロムイコ	外相		○
S. V. チェルボネンコ	駐チェコスロヴァキア大使		×
軍指導者			
A. A. グレチコ	国防相		×
I. I. ヤクボフスキー	ワルシャワ条約軍最高司令官		×
M. V. ザハロフ	総参謀長		×
A. A. イェピシェフ	軍政治部長		×
S. S. マリャーヒン	軍後方部隊司令官		×
M. I. カザコフ	ワルシャワ条約軍参謀長（〜1968年8月初め）		○
S. M. シュチェメンコ	ワルシャワ条約軍参謀長（1968年8月初め〜）		×
I. G. パヴロフスキー	地上軍最高司令官		×

出所：Dawisha(1984),pp.361-362

備考：○介入慎重派、×介入積極派、△中間派（動揺）　以上は、
　　Valenta（1991）を参考にして私が判定。

激することを非常に心配していたが、西側との関係はまったく気にしていなかった。

　コスイギン首相は経済と対外関係に責任を負っていた。彼は1965年の経済改革（当時、「コスイギン改革」とも呼ばれた）を推進しており、チェコスロヴァキアの経済改革にも理解があった。対外的には、コスイギンが1971年半ばまでアメリカからの秘密の連絡の受取人であったことからもわかるように、この頃は彼の方がブレジネフ書記長よりも権威があった。アメリカとの戦略兵器削減交渉や核不拡散条約に積極的に取り組み、西欧との経済交流にも力をいれており、介入の否定的な影響を心配していた。グロムイコ外相も同様であった。この頃、ソ連のコスイギン首相はチェコで起きていることは1956年のポーランド（同年10月、危機的な状況が生まれたが、国民の間で支持の高かったゴムウカを最高指導者に起用することで危機を乗り切った）と類似しており、平和的な変革となるという見方をしていた。

　ソ連共産党を代表するイデオローグであったスースロフ政治局員は国際共産主義運動を担当し、当時は1968年11月にモスクワで開催予定の世界共産主義者大会の実現に向けて努力しており、この大会実現に及ぼす否定的な影響を考慮し、介入には消極的であった。スースロフと共に世界共産党大会の準備にあたっていたポノマリョフ書記も同様の立場であった。ブレジネフは介入積極派と介入消極派との間でたえず揺れていた（Valenta, 1991, p. 186）。

　モスクワ会談の9日後の5月17日、ソ連軍はチェコスロヴァキアとの国境近くで演習を行い、グレチコ国防相が率い

る軍首脳がプラハを訪問した。その狙いは、チェコスロヴァキア領内での軍事演習実施を強く求め、ソ連軍の駐留を議論することであった。同じく5月17日、それとは別に突然、コスイギン首相が単独で休養を名目に保養地カルロヴィ・バリを訪問し、そこでドゥプチェクのほか多くの政治家と協議した。ティグリットは突然のコスイギンの訪問の目的を次のように説明している。グレチコ一派は、「チェコスロヴァキア・西独国境の"安全保障"を確立することが必要になったというウルブリヒト東独第一書記の主張を支持して」おり、「コスイギンは同じころグレチコ一派がかけていた圧力に対抗することを望んだ」（264頁）というのである。カルロヴィ・バリで彼はドゥプチェクとの間で次のような口頭の取り決めを結んだ。チェコスロヴァキア共産党の権力の独占を損なわないこと、いかなる野党も、とりわけ社会民主党を公認しないこと、ワルシャワ条約とコメコンにとどまること。これと引き換えにコスイギンが約束したのは、チェコスロヴァキア領内で行われるワルシャワ条約軍の演習は大演習ではなく、参謀本部演習にとどめること、チェコスロヴァキアが民主化を進めるのを認めること、ノヴォトニー追放に異をさしはさまないこと、そしてチェコスロヴァキア党大会の早期開催を認めることであった。しかし、ソ連からの借款の件は懸案のまま残された（同上書、264頁）。

5月末開催の党中央委員会は、ノヴォトニーのほか、1950年代の粛清の主要な責任者6名の党員権停止を決め、そして1970年に予定されていた第14回党大会を前倒しして9月9日に開催することを決定した。

6月中ずっと、ソ連軍司令官たちはこの国を回った。チェコスロヴァキア政府の首脳でさえソ連の元帥にアクセスすることが困難であったのに、ヤクボフスキー元帥がブラティスラヴァでスロヴァキア党第一書記ビリャークと公然と会談を持ったので、両国の間には気まずさが生まれた。ヤクボフスキー元帥は、西側からの侵略に対する即応体勢ができてないと非難した。チェコスロヴァキア領内での軍事演習は正式には6月20日に始まったが。ドーイッシャによると、ソ連軍はすでに5月31日にこの国に入っていた。ソ連のほか、チェコスロヴァキア、東独、ハンガリーおよびポーランドの軍が参加した。参謀本部将校と供給・通信部隊が参加した。期限は公式には6月末とされていたが、東欧諸国の軍隊が撤退した後もソ連軍は少なくとも第14回党大会終了する9月9日まで居座る構えを見せた[6]。また、ソ連の軍人たちはチェコスロヴァキアの各地で戦車の重さに耐えられるかどうかと橋の強度や道路を調べており、まるで軍事介入の事前準備のようであった[7]。こうしたことは、チェコスロヴァキア国民の反ソ感情を強め、保守派を孤立させるだけであった。

（6）ドーイッシャによると、チェコスロヴァキアの諜報機関がヤクボフスキーとカザコフとの間の会話を傍受し、前者が次のように語ったことが知られるようになった。「ソ連軍は『少なくとも9月20日』―第14回党大会終了日―まで留まるだろう」「いずれわかるよ」（Dawisha, 1984, p. 163）。

（7）2018年5月14日、ブラティスラヴァでのドゥシャン・ショルテス教授（コメニウス大学経営学部）とのインタビュー。

「2000語宣言」

こんなときに、6月27日、作家ヴァツリークが執筆した「2000語宣言」が『リテラールニー・リスティ』（文芸新聞）に発表されたが、それには多くの知識人の署名も掲載されていた。この内容は、ドゥプチェクやスムルコフスキーらチェコスロヴァキアの首脳が知るよりも先にソ連の首脳が知る（駐プラハのソ連大使館経由で）ところとなった。スムルコフスキーは発売前日の6月26日に『プラウダ』編集長ジミャーニン（前の駐チェコスロヴァキア大使）の訪問を受けた。ジミャーニンは『宣言』の内容に立腹し、これは反革命の呼びかけだと言った（Dawisha, 1984, pp. 165 - 166；『スムルコフスキー回想録』70 - 71頁）。ドゥプチェクも6月27日朝、ブレジネフから怒りの電話を受けた。『宣言』は、党指導部に改革の加速を促すもので、改革派の背中を押すものであった。しかし、ソ連の圧力に立ち向かいながら、慎重に前進しようとして苦慮している改革派指導者にとってはありがた迷惑の点もあった。たとえば、保守派の退陣を要求したり、外国の介入の可能性に言及して、「政府がわれわれから委任された政策を実行するかぎり、われわれは必要とあらば武器をとってでも、政府を支持するであろう」と述べるなど、当時予感されていた干渉やおどしに口実を与えるような問題点も含んでいた。

3　緊張の高まり

7月上旬、ドゥプチェクは、陣営の結束強化のため多国間

会議に参加するようソ連指導部から手紙と電話を通じてたびたび招請された。これは「自分自身の釈明のための召喚」（スムルコフスキーの表現）であった。ドゥプチェクは当初、幹部会の承認なしには参加しないと返答した。7月8日に開催された幹部会は参加することを認めたが、2つの条件をつけた。第1に、多国間会議の前にチェコスロヴァキア領内での会議が先行しなければならない、第2に、ルーマニアとユーゴも参加させる、という条件である。だが、この条件は受け容れられなかった。

　7月13―14日、チェコスロヴァキア側が欠席のまま、ソ連・東欧諸国首脳がチェコ情勢を検討するためワルシャワに集まった。会議終了後、彼らは共同書簡をチェコスロヴァキア指導部に送った。それは、共産党の指導的役割や民主主義的中央集権制の原則の重要性を強調したうえで、「2000語宣言」は共産党と憲法上の権威への闘争、ストライキや騒乱を公然と呼びかけたもので、「反革命の組織上、政治上の綱領」だと決めつけた。共同書簡は、対外関係を論じ、「西ドイツ政府は特に活発な動きを見せ、社会主義諸国の間に不和のタネをまき、東ドイツを孤立させ、報復主義の計画を遂行するため、チェコスロヴァキアの事態を利用しようとしている、と述べ、「同志たちよ、諸君にはこの危険が見えないのか？」と詰問する。さらに共同書簡は、「チェコスロヴァキアが社会主義国、社会主義共同体の一員としてのみ、その独立と主権を維持できるという真理をくつがえそうと望んでいることは明らか』だと断定し、「チェコスロヴァキアにおける社会主義制度の維持へのキッパリとした努力が、単に君たちの任

務にとどまらず、われわれ自身の任務でもある」（『戦車と自由』(I) 298 − 303 頁）と述べている。軍事介入を正当化する「限定主権論」と呼ばれる論理がすでにここで見られる。一種の最後通牒であった。

　ヴァレンタは、この「書簡は反改革派連合の力を強めず、反対に国民的統一の感情を生み出した」と述べている。7 月 19 日の中央委総会で、共同書簡にあるチェコスロヴァキア告発を拒否するドゥプチェク指導部の立場に対するほぼ満場一致の支持を取りつけた。保守派のコルデルでさえ、「ワルシャワ書簡はいくつかの点で正しいものの、最後通牒というやり方のため、自分は党の見解を支持せざるを得なかった」（Valenta, 1991, p. 65）と述べた。

　7 月 12 日、西独国境に近い西ボヘミアで、地中に埋められていた 5 つのリュックサックが見つかり、その中にアメリカ製の武器が入っていたと伝えられた。調べると、その武器はさまざま部品からなり、東独製品も含んでおり、「武器発見」は明らかにでっち上げであった（Valenta, 1991, pp.63 − 64）。『プラウダ』はこの件を西側の脅威の証拠として宣伝した。7 月 15 日、プルフリク中将は記者会見で、ワルシャワ条約機構の司令部はソ連軍の将軍や将校によって構成され、他国の軍はこの合同司令部に代表を置くだけだという不平等な状況を指摘し、改革が必要だと発言した（Valenta, 1991, pp. 74 − 75; Dawisha, 1984, p. 294）。きわめて当然な意見ではあるが、この発言によりプルフリクはソ連から厳しい批判を受けるようになった。

チエルナ会議

　7月19日から22日にかけてソ連指導部は、妥協すべきか介入すべきか迷っていた。7月19日、チェコスロヴァキア指導部に二国間会談を提案した。ソ連側は会談の場所としてウクライナの都市を提案したが、チェコスロヴァキア側はソ連領内での会談を拒否し、自国領内を主張し、最終的には7月29日に、チエルナ・ナド・ティソウ（ティサ川沿いのチエルナ）というソ連と国境を接するスロヴァキアの田舎町で会談を行うことが決まった。ソ連は、双方の政治局員のすべてが参加するよう提案した。チェコスロヴァキア共産党幹部会内部の改革派と反改革派との間の力関係を見るのがソ連側のねらいであった。双方とも列車に乗ってやってきて駅に隣接する鉄道員会館で会談をした。会談が終わると毎晩、ソ連の代表団を乗せた特別列車が数百メートル離れたソ連領内に戻った。ソ連からは、留守番役としてモスクワに残ったキリレンコとポリャンスキー（病気）を除くすべての政治局員およびポノマリョフ書記とカトゥシェフ書記が参加した。チェコスロヴァキア側からはすべての幹部会員と書記局員およびスヴォボダ大統領も参加した。初日の午前は、ブレジネフが4時間も演説した。その中で彼はチェコとスロヴァキアの新聞の切り抜きの分厚い束をテーブルに置きながら、チェコスロ

（8）ソ連の鉄道とチェコスロヴァキアの鉄道はレール幅が異なるので、ここの駅は積荷を入れ替える場所として用いられてきた。

ヴァキアの危険な情勢を指摘し、人事交替と党大会の延期を要求した。午後はドゥプチェクが反論したが、効き目がなかった。

　2日目の会談で、ソ連側を最も驚かせたのはスヴォボダ大統領の演説であったという。西側の武器が西側国境付近で「発見」されたことに関連して、「スヴォボダはこの夏早く、ヤクボフスキー元帥と一緒に当該地域を視察した。視察の終わりにソ連元帥は軍の士気、装備、戦闘準備に感銘を受けたと述べたことを言う。ヤクボフスキーが嘘をついているのかどうか、それともロシアの指導者は自分たちの司令官を愚かさゆえに糾弾するのか、とスヴォボダは尋ねた」（Dawisha, 1984, pp. 257 ─ 258）。彼の演説の後、会談はまとまりがなくなった。シェレーストが口汚くチェコスロヴァキア側を批判し、とくに「ガリツィアのユダヤ人」クリーゲルを個人攻撃したので、シェレーストの発言が終わると、チェコスロヴァキア代表団はもうたくさんだと言って席を蹴り会場から退

（9）クリーゲルはスペイン内乱に義勇兵として参加した経歴を持つ医師で、1968年4月に国民戦線（統一戦線組織）議長に就任した。熱心な改革派で、公然と『2000語宣言』を支持した（Valenta, 1991, p. 54）。彼は1908年にガリツィア（当時ポーランド領で、その後ウクライナに編入された）に生まれ、1920年代初めのロシア・ポーランド戦争時に彼の家族と共にチェコスロヴァキアに移住した。この経歴により、シェレーストは、クリーゲルが自分の生まれ故郷を分離・独立させるという野心を抱いているに違いないと決めつけたのである（Dawisha, 1984, p. 258）。

出した。こうして会談は決裂しかけたが、まもなくソ連側が歩み寄り、会談は31日も続行されることになった。[10] ソ連の最終的な要求はつまるところ次のような国内問題に還元された。急進改革派のクリーゲル国民戦線議長とツィーサシュ党[11] 書記の解任、社会民主党とKANやK—231のようなクラブの禁止、そしてニュース・メディアに対する統制。ここでは正式な文書は作られず、口頭の紳士協定がなされ、8月1日

---

(10) ドーイッシャは次のような興味深い裏話を伝えている。会談が決裂し、ソ連代表団を乗せた特別列車がソ連領内に移動したときに、ブレジネフは、モスクワから転送された3通の手紙（チトー、チャウシェスクそしてスペイン共産党の指導者からの）を読んで態度を軟化させた。ブレジネフはスースロフからも批判された。スースロフは彼を「ウルブリヒトのように話す」として非難し、「ソ連政治局は数週間前、ウルブリヒトが提唱したチェコスロヴァキアに対する力ずくのアプローチを否定した」ことを思い出させた。それで、ブレジネフ、コスイギン、スースロフは歩いてドゥプチェクの列車へ行き、シェレーストの振舞いを詫び、彼は「誇張した」と述べ、翌日も会談を続けることになった（Dawisha, 1984, p. 259）。

(11) ツィーサシュは1968年4月の中央委総会で書記局員の就任した急進改革派の理論家。5月7日の「マルクス生誕150周年記念演説」の中でツィーサシュはマルクスの思想、ロシア革命の意義を高く評価しながら、チェコスロヴァキアにおける社会主義建設は民族的な条件や特殊性を考慮して進められなければならないと語った。きわめて当然の主張だと思われるが、これがソ連のF・コンスタンチノフ論文（『プラウダ』6月14日付けに掲載）によって批判された。

に発表された短いコミュニケは、「同志的精神のもとに、完全な意見の交換が行われた。……」と述べ、ポーランド、東独、ハンガリー、ブルガリアの共産党の代表による「同士国間の多元的会談」が８月３日に、ブラティスラヴァで開かれることを伝えた（ティグリット、1969 年、290 頁）。

ブラティスラヴァ会談

　ブラティスラヴァ会談は、チエルナ・ナド・ティソウでの合意を文章化した宣言に、６ヵ国首脳が署名して簡単に終了した。ヴァレンタは、ブラティスラヴァ宣言を純粋に戦術的で騙すつもりの策略と考えたら間違いであり、両者の合意は、危機解決に関する２つの考え方の妥協の結果だと見ている。ソ連代表団は介入消極派のスースロフとコスイギンだけでなく介入論者のシェレーストとポドゴルヌイ、そして揺れているブレジネフ、さらに２人の書記カトゥシェフとポノマリョフからなっており、政治局内の均衡が回復したように見えたとヴァレンタは言う。宣言が調印された８月３日にはソ連軍の最後の部隊がチェコスロヴァキア領を離れた（Valenta, pp. 85 － 91）。

　８月７日から 15 日にかけてソ連の政治局員の大半は休暇に出かけた。当時チェコスロヴァキア在住の小野田勲（1968）は、８月 19 日のプラハの雰囲気を次のように伝えていた。「……チェコスロヴァキア市民は、このあと何が起こるにせよともかくワルシャワ条約機構の大演習がはじまったこの６月から、ワルシャワ会談、ソビエト会談、６ヵ国会議に至る緊張に次ぐ緊張の期間を経て、ソビエトの軍事干渉だけは避

けえたという安堵をかくし切れず、一様に幸福そうな表情を浮かべている」(78頁)。

この頃、ドゥプチェクも軍事介入を予想していなかった。8月17日夕方、ハンガリー国境近くのコマールノでドゥプチェクはカーダールと会談した。ヴァレンタによると、カーダールはソ連の介入が迫っていることをそれとなく示唆し[12]、ソ連との再交渉を促したが、ドゥプチェクはカーダールの警告を真剣にはとらなかった。ドゥプチェク自身は後日、「彼[カーダール]はこのときの会話で、軍事介入の可能性についてはひと言も触れなかった。……彼がこのときブレジネフの指示で会いに来たことも知っている」(ドプチェク、1993、298頁)と語っている。実情はよくわからないが、ともかくこの頃、ドゥプチェクは9月に予定されていた第14回党大会の準備と保守派への対応で忙殺されていたことはたしかである。

4 軍事介入

介入の意思決定
軍事介入の危険は遠のいたかに見えた。ところが、ソ連指導部はチェコスロヴァキア指導部との合意の後しばらくして

---

(12) ムリナーシも「この会談についてドゥプチェクから聞いた話からしても、わたしは問題の時点で、モスクワの具体的干渉計画を知っていたはずのカーダールが、この機会にドゥプチェクに最後の警告を与えようとしたのだとみた」と述べている(237頁)

から介入するという意思決定を行った。ヴァレンタは「官僚政治パラダイム」に基づいてソ連の意思決定メカニズムを分析している。彼によると、ソ連の主要な意思決定者たちがヒエラルキーにおいて占める地位よりもむしろ国家安全保障の共有するイメージ、組織的利害、国内的利害、さまざまな個人的利害、情報・コミュニケーション・システム等が複合的に作用して意思決定がなされるのである（Valenta, 1991, p. 166）。彼の主張（Valenta, 1991, pp. 97 – 122）は次のように要約される。

• ＫＧＢや軍の介入論者の圧力　軍指導部のすべてが介入に積極的であったわけではなかった。ヴァレンタによると、クルイロフ元帥の指揮下の戦略ロケット軍の将軍たちは、軍事介入には積極的ではなく、プラハの改革運動が自分たちの組織的利益への真の脅威になるとは考えなかった。ワルシャワ条約機構司令部のトップにさえ、介入についての不安が明らかに存在した。たとえば、ワルシャワ条約機構軍参謀長（およびチェコスロヴァキアにおける 1968 年の演習の間のワルシャワ条約軍司令官）のカザコフ将軍はかつてソ連軍南方方面軍司令官として 1956 年のハンガリーの民主化運動を鎮圧した経験を持ち、チェコスロヴァキアへの軍事介入がもたらす混乱を予想し、介入の効果については懐疑的であった。ブラティスラヴァ会談の 2 日後、8 月 6 日、カザコフは不意に健康上の理由で、シュチェメンコ将軍と交代させられた。シュチェメンコはスターリン崇拝者であった。軍首脳の多くは軍事介入に積極的であった。軍の機関紙『クラースナヤ・ズヴェズダ』の 8 月 20 日付は、ナチス・ドイツからのチェコスロ

ヴァキアの解放のために命を捧げた14万5000人のソ連兵を
褒め称える社説を発表した。兵站部門の責任者マリャーヒン
将軍は「戦争前の」の態勢を無期限に維持することはできな
いと突き上げた。

• 東独のウルブリヒトなどの積極的な働きかけ　ヴァレンタ
に言わせると、ウルブリヒトは「マルクスというよりもマキ
ャベリの弟子」であった。彼は8月12日にカルロヴィ・バ
リでドゥプチェクと会った。ウルブリヒトは8月13日頃、
ソ連政治局にレポートを送り、ドゥプチェクと彼の改革支持
者たちには自責の念がなく、ブラティスラヴァの合意を進ん
で実践する気がないと伝えた。

• チェコスロヴァキア共産党保守派の必死の巻き返し策動
第14回臨時党大会が9月9日に開催されること決まってお
り、それまでに地方の大会で代議員の選挙が実施されるが、
保守派の大部分は代議員に選出されそうもなかった。また、
スロヴァキア共産党大会が8月26日に開催されることも決
まった。保守派のスロヴァキア人はこの大会で代議員として
選出されなければ、プラハで開催される第14回党大会に参
加することができない。何かをするとしたら、8月26日よ
りも前でなければならなかった。ヴァレンタは、インドラと
コルデルが作成したメモ（「兄弟的支援」要請状）がソ連共
産党中央委員会に8月13—15日頃、届いたと見ている。

• 地方党幹部や党機構で働くソ連共産党の第2階梯の幹部か
らの突き上げ　ドーイッシャ（Dawisha, 1984, p. 283）で補足
すると、全ソ労働組合議長で政治局員のシェレーピンが不満
を持つ多くの中央委員の意見を代表しており、ブレジネフの

地位を脅かしていた。

政治局と書記局の拡大会議が8月16―17日に緊急に開催されたことについては、ヴァレンタもドーイッシャもシェレーストの役割を重視している。ドーイッシャによると、政治局員の大半が休暇を取っているとき、モスクワで留守を預かっていたのはシェレーストであり、彼が「プラハにおける反革命の危険の程度を誇張する報告を作成するのにこの時間を用い、自分の緊急要請で8月16日に政治局会議が開催されたときに報告を提出した」（Dawisha, 1984, p.284）。そこでブレジネフが介入支持に回ったことにより、軍事介入が決まったのである。[13] この決定は8月20日に侵攻せよと軍に指示していた。

軍事介入
チェコスロヴァキアでは8月20日に党幹部会の会議が開催され、そこで第14回臨時党大会の準備することが予定さ

---

(13) 1968年11月に十月革命記念日を祝うチェコスロヴァキア共産党代表団長としてモスクワを訪問した改革派のB・シモンに、ブレジネフが「個人的な、当時としてはきわめて友好的な会談で」次のように語ったことが伝えられている。「きみたちは、権力を握ればしたいことができると考えていた。しかし、それは根本的に誤りだった。ぼくだってしたいことの3分の1ぐらいしか実現できない。当時ぼくがもし政治局で軍事介入に賛成しなかったなら、どうなったと思う。きみは今ここにすわっていないだろう。あるいはぼくもここにすわっていないかもしれない」（ムリナーシ、1980、247頁）。

れていた。保守派はここで中間派の二人（ピレルとバルビレク）の支持を得れば、6対5の多数でソ連介入要請の決議を通すことができると目論んでいた。それを受けてワルシャワ条約機構軍が「国際的支援」のためチェコスロヴァキア領内に入ることになっていた。ところが、いくつかの手違いがあり、そのとおりには進まなかった。幹部会は午後2時に始まった。第1に、保守派とソ連との連絡調整がまずかった。保守派は軍事介入が中欧時間で8月21日午前1時にあると予期していたが、実際には中欧時間で8月20日午後11時（＝モスクワ時間で8月21日午前1時）であった。第2に、保守派は幹部会の会議冒頭、自分たちの方針書を先に議論するよう提案したが、ドゥプチェクが手続き変更を断固拒否し、予定通り大会文書の議論を先に行い、その後で方針書の議論を行うと主張した。こうしてまだ大会文書を議論している最中、ソ連、ポーランド、東ドイツ、ハンガリー、ブルガリアのワルシャワ条約機構加盟5ヵ国の軍隊が国境を越えて侵入した。午後11時30分に外国軍隊侵攻の知らせが電話で国防大臣から伝えられた。皆驚くが、とくに保守派は狼狽し、介入要請の決議を提案することができなかった。逆に、中間派のピレルとバルビレクがドゥプチェク支持に回ったため、「チェコスロヴァキアのすべての人々へ」の決議が投票権を有する幹部会員の多数（7：4）で可決された。すぐに「幹部会声明」が全国にラジオで放送された。[14]

　もちろんその後、ソ連軍によるマス・メディアの弾圧も始まったが、チェコ・ラジオ放送局のオペレーターやアナウンサーは、補助設備（ある場合はチェコスロヴァキア軍から提

供された）や代わりの周波数を用い、場所を変えながら、侵攻を非難するニュースを報道し続けた。21日朝5時頃、ソ連軍の戦車部隊はプラハの共産党中央委員会、政府、報道機関などの建物を包囲し、中に侵入した。午前9時過ぎ、ソ連軍将校とチェコスロヴァキアの公安機関メンバーがやって来て、インドラの指導する労働革命法廷の名においてドゥプチェク第一書記、スムルコフスキー国民議会議長、クリーゲル国民戦線議長ほか要人を逮捕した。政府の建物にいたチェルニーク首相は午前9時30分、執務室で逮捕された。彼らは当初インドラの革命法廷で裁かれるはずであった。しかし予定が変わり、数時間後、彼らは軍用機でソ連へ移送された。占領軍との小競り合いのため全国で数十人が亡くなった。この日の夜、スヴォボダ大統領がラジオ放送で外国軍隊の撤退を要求し、同時に国民に非暴力の抵抗を呼びかけた。国民は、道路標識をペンキで塗りつぶしたり、その方向を変えたり、外国軍隊への食糧・水の提供を拒否して抵抗を続けた（Chapman, 1968, pp. 44 - 51）。

　逮捕を免れた改革派指導者たちは臨時党大会の開催を早めることを決めた。8月22日、占領下のプラハ郊外のヴィ

---

(14) 保守派政治家による妨害もあった。アナウンサーが幹部会声明の冒頭の部分を読み上げたところで、ニセ情報としてホフマン郵政大臣によって放送が中断させられた。プラハ近郊の放送局のラジオ・オペレーターは不審に思い、スムルコフスキーに直接電話で問い合わせをした。そしてスムルコフスキーが事情を説明したので、全文が発表されたのである（スムルコフスキー、1976、115 - 116頁）。

ソチャニにあるチェ・カ・デ工場に一般代議員 1,500 人中 1,112 人が密かに集まった。その数は大会成立に必要な定足数の 3 分の 2 をはるかに越えていた。大会閉幕のぎりぎりまでに 1,219 名に達した。[15] 臨時党大会は、占領軍の撤退、憲法上のすべての代表者の役職への復帰、国際協定の遵守を要求した。スロヴァキアからの代議員の出席は 14 名にとどまった。というのは、スロヴァキアとモラヴィアの境界の町ブジェツラフで、占領軍が立ちふさがっていたため、スロヴァキアからの代議員の参加は困難をきわめたからである（平田、1984、212 頁）。

　侵攻したワルシャワ条約機構の軍隊の規模について言えば、前線に約 25 万人、兵站・通信などを含めた総兵力は約 50 万人であった（Valenta, p. 147）が、チャップマンは約 65 万と見ている（Chapman, 1968, p. 44）。保守派の指導者たちは党専用ホテル「プラハ」に集結したが、わずか 50 人の党中央委員と候補（全体の約 3 分の 1）しか集まらなかった。国民の受け身の抵抗を前に、「労農革命政府」の首相に擬せ

---

(15) 私は、ワルシャワ条約機構軍が駐留する中でどうしてこれだけ多くの代議員が全国各地からプラハの会場に集まることができたのか不思議に思っていた。ドーイッシャによると、次のような事情があった。ソ連は直接的な軍事統治を行うという方針は最初から持っていなかった。とくにスースロフは、侵攻後に公然たる抑圧と大規模な逮捕を行うことに反対した。パヴロフスキー元帥は、民間人や政治家を邪魔したり、解職したりするなという厳格な命令を受けていたとチェコスロヴァキアの将軍に語ったとドーイッシャは伝えている。

られていたインドラを含めて保守派の指導者の誰一人、軍事介入を要請した人物として自ら名乗りを上げることができなかった。ソ連の誤算は、56年のハンガリーのように、「労農革命政府」を樹立できなかったことである。

　ヴァレンタは、「軍事的にはほぼ完璧な作戦遂行と政治的な大失敗との間のコントラスト」（Valenta, 1991、p. 150）を指摘し、その原因としてソ連首脳に届けられた情報の質を問題にしている。大使館ルートの情報について言えば、当時の駐チェコスロヴァキア大使のチェルボネンコはノヴォトニーに肩入れしすぎて、1967年秋にノヴォトニー大統領失脚を予想することができなかった。危機の初期段階である1967年末から68年初めにかけて大使はノヴォトニーを頑固に支持し、辞任の数日前の3月の時点でも、彼のことを「われわれの友人」だとほかのソ連人に語っていた。危機の間、チェルボネンコ大使とウダルツェフ公使は、保守派に都合のよい情報だけをあげるなど、系統的に誤報にかかわった。8月半ばにインドラとコルデルが作成した政治情勢に関するメモもチェルボネンコ大使経由でソ連首脳に伝えられた（Valenta, 1991, pp. 125－126）。ＫＧＢはチェコスロヴァキア内に独自の諜報ネットワークを持っていた。改革派のパーヴェルは内相に就任すると省内で働くソ連のエージェントの多さに驚いた。彼は内務省に勤務していた80ないし100名のＫＧＢのエージェントを排除した（給料を払い続けるが、内務省への入構証を取り上げることにより）が、これはソ連のＫＧＢにとってダメージであった（Valenta, 1991, p. 106）。それゆえ、ＫＧＢはますますチェコスロヴァキアの保守派の政治家とその支

持者の情報に頼らざるを得なかった（Dawisha, 1984, p. 85）。結局、「ブレジネフは8月22日の晩、介入前の諜報の報告が間違っていたことに気づいた。当初の決定は歪んだ諜報の推定に基づいていた」（Valenta, 1991, p. 150）のである。

そこでモスクワと協力者たちの唯一の望みとなったのは、スヴォボダ大統領を、労農政府樹立を正当化する最高の憲法的権威として利用することであった。8月23日、チェルボネンコ大使がソ連首脳による招待状をスヴォボダ大統領に手渡した。彼はフサーク副首相、ズール国防相、クチェラ法相および保守派の幹部会員（ビリャーク、インドラ、ピレル）を連れて、ドゥプチェクらの釈放を交渉するためにモスクワに向かった。モスクワのブヌコヴォ空港ではブレジネフ、コスイギン、ポドゴルヌイが出迎え、外国の国家元首に対する最大級の歓迎の意を表明した（空港での21発の号砲、市中心部までのオープン・カーでのパレード等）。クレムリンではソ連の3首脳との話し合いが始まったが、スヴォボダ大統領は、ここにドゥプチェクもいなければ交渉には応じないと主張した（Chapman, 1968, p. 66）。

労農政府樹立の企ての失敗、現地で広がった国民の受け身の抵抗、ヴィソチャニでの第14回党大会の開催、そしてスヴォボダ大統領の断固たる態度を目にして、ソ連指導部は当初の計画を捨て、代替的戦略に切り替えざるを得なかった。翌日、ウクライナ西部のザカルパチア地方で拘禁されていたドゥプチェクらチェコスロヴァキア改革派指導者たちはモスクワに呼び寄せられ、交渉が始まった。ソ連側の代表団はブレジネフ、コスイギン、ポドゴルヌイ、スースロフの4人の

政治局員であった。政治局のインナー・コアからシェレーストが外れていたが、これは彼が評判を落としたためだとヴァレンタ（1991）は見ている。

　ソ連指導部は軍事力を背景にチェコスロヴァキア指導部にモスクワ議定書を押しつけた。チェコスロヴァキア側も議定書の案を提出したが、斥けられ、ソ連案をベースに交渉が進められた。双方の代表団が3日間顔を突き合わせていたわけではない。ドゥプチェクはモスクワに来ても極度の疲労のため、2日間ベッドに伏せていて、交渉の経過を聞くだけであった。両代表団の間をポノマリョフ書記が行き来して、話を取り次いでいた。ドーイッシャによると、ソ連指導部の目的は、ドゥプチェク指導部に議定書に署名するよう説得するだけでなく、どの人物が後でソ連と進んで協力するかを見極めることでもあった。代表団全員による交渉のほか、個別の指導者の内密の会談も行われた。インドラ、ビリャークなど公然とした親モスクワ派の指導者を通じて目標を達成することはできないことはわかっていたので、ソ連指導部は彼らに代わる人物を物色し、スロヴァキア人のグスタフ・フサークに目をつけた。スロヴァキア・カードを切ったのである。その効果は後で徐々に発揮されることになる。

5 「正常化」路線

　議定書の要点は次のとおりであった。①第14回臨時党大会は無効；②正常化に関する作業を開始するための人事を決める中央委員会総会を開催する；③マス・メディアに厳格な

コントロールを再び課す；④他の社会主義主国との間の軍事的・政治的協力を強化する；⑤対外分野では、対西欧政策を残りの社会主義諸国と調整し、国連安保理でのチェコスロヴァキア問題の議論に異議申し立てをすることに合意する；⑥ソ連軍はできるだけ早く都市中心部から撤退し、「同盟国の軍隊の駐留と完全な撤退についての条件に関する条約』を近い将来締結する。とくに①については、チェコスロヴァキアの改革派は拒否したのであるが、フサークは積極的に支持し、決まったものである。ポノマリョフは、皆が署名するまで帰国させないと圧力をかけ、全員（クリーゲルを除く）が署名を余儀なくされた。

　軍事介入を正当化する論理は、「各国民の英雄的努力や献身的な労働によって得られた、これらの成果を支持し、定着させ、防衛することは、社会主義諸国共通の国際的義務である」というもので、西側ではブレジネフ・ドクトリン（または「限定主権論」）と呼ばれた。ブレジネフは８月26日の交渉で次のように語った。「わたしはジョンソン大統領に、アメリカ政府は今でもヤルタとポツダムの会談の成果を完全に承認するか、と問い合わせをした。８月18日に次のような回答を受け取った。チェコスロヴァキアとルーマニアについては無条件に承認するが、ユーゴスラビアについては、これからも協議しなければならないという回答だ」（ムリナーシ、1980、365頁）。ヤルゼルスキによれば、「1968年の世界はまだヤルタの精神で支配されていた」（ヤルゼルスキ、1994、142頁）のである。

　６月から７月にかけてソ連・チェコスロヴァキア関係は緊

迫したが、アメリカはどのように見ていたのだろうか。7月下旬、アメリカ国務省はソ連の侵攻の確率を6：4と見て、一時、外交官の休暇を取り消して、24時間出来事をモニターする特別危機班を設置した（Dawisha, 1984, p. 242）。それにもかかわらず、ジョンソン米大統領はモスクワとの兵器削減交渉に執心していた。7月25日と31日にドブルイニン大使はラスク国務長官を訪問し、「モスクワの見解ではチェコスロヴァキア情勢は、ワシントンには関係のない共産主義『内部』の問題だ」と述べた（Ibid, pp. 252 – 253）。ラスク国務長官は公にも、そしてソ連大使ドブルイニンとの会話でも、アメリカはチェコスロヴァキア情勢に関与するいかなる意図も否定した。ラスクは、ジョンソン政権は「アメリカがチェコスロヴァキアでの出来事の背後にいるとか、またはアメリカがこの国における反ソ運動を励まそうと努めたようないかなる印象も与えたくなかった」（Valenta, 1991, p. 131）と述べたという。これは、前述のブレジネフの発言と符合する。こうしたアメリカ政府の無関心政策もソ連などによる軍事介入を容易にしたのである。

　チェコスロヴァキア代表団は8月27日に帰国した。その中でフサークはモスクワからブラティスラヴァへ直行し、開催中のスロヴァキア党大会に参加した。この大会はヴィソチャニでの第14回大会を支持し、新しい中央委員会の構成を支持していたのだが、フサークはそれを否定する発言をした。その論理は奇妙なものであった。第14回大会へのスロヴァキア代議員の数が少ない（それは軍事介入した外国軍隊に参加を妨害されためであるのだが）ので、民主的に成立したもので

はないという理由を挙げた。当時、私はフサークが改革派の政治家だと思っていたので、彼がスロヴァキア民族主義の立場を優先したことを残念に思ったものである。

なお、チェコスロヴァキアは1969年1月1日、チェコ共和国とスロヴァキア共和国からなる連邦国家となった。3月28日、ストックホルムで行われたアイスホッケーの国際試合でチェコスロヴァキアがソ連を破ったことから、鬱憤を晴らすかのように国民の反ソデモが全土に起き、ソ連の軍事基地への乱入やアエロフロートの事務所の焼き討ちもあった。[16] ソ連はグレチコ国防相とセミョーノフ外務次官をプラハに派遣した。ドゥプチェクはその責任をとらされる形で4月2日、党第一書記の地位から解任され、政治的実権のない連邦議会議長の地位に追われ、そして69年10月、連邦議会議長の地位から解任され、トルコ大使に任命された。その後は、営林署の職員へと格下げされていった。フサークが党第一書記に選出され、彼の下で、いわゆる「正常化」路線が遂行された。

モスクワに指示されたこの路線は「ネオ・スターリン主義」の登場のそのものであり、経済の分野における集権的で指令的な計画化、国家的所有の支配、経済の分野における集権的で指令的な計画化、国家的所有の支配、あらゆる市場経済的要素の除去、生活のあらゆる分野における共産党の指導的役割、自治ならびに自主管理的諸単位の抑圧、文化生活におけるマルクス＝レーニン主義的イデオロギーの独占、をその

---

(16) ドゥプチェクは、これはソ連とその指示を受けた秘密警察が仕組んだものと見ている（ドプチェク、1993、398頁）。

内容としていた（Zatkuliak, 1998, p. 261）。軍事介入は「国際的援助」とされた。1970年には党員証換えが行われた。党員にとって、「国際的援助」が踏み絵となった。1968年1月1日現在、約150万人の党員がいたが、その21.67％にあたる32万人の党員が追放（除名ならびに除籍）された。自発的離党者を含めると、チェコスロヴァキア共産党は28％の党員を失ったことになる。そして、党員証を失った者の約3分の1がその職を失った（平田、1984、217頁）。約1500万人の国民のうち24万人がこの国を離れた（Zatkuliak, 1998, p. 253）。

　ドゥプチェクら改革派が自分の路線を維持しながら、軍事介入を避けることはできなかったのだろうか。当時、ハンガリーのカーダール（穏健な改革を少しずつ積み重ねていくやり方）の路線しか許されなかったであろうが、それはチェコスロヴァキアの国民が受け容れなかったであろうと私は考える。独自路線の維持は容易ではないであろうが、ヴァレンタは、軍事介入のコストを事前に高めておくべきであったと主張する。つまり、もし軍事介入すれば、ワルシャワ条約軍も大きな犠牲を払わなければならないと思わせることである[17]。ところが、チェコスロヴァキア側は介入があっても、抵抗しないという構えを早々と見せてしまったのである。

6　チェコ事件が意味するもの

国際的な影響

兵器削減交渉を開始するためにアメリカのジョンソン大統

領が1968年9月にソ連を訪問する予定であったが、これは
キャンセルされた。スースロフとポノマリョフが準備し、11
月にモスクワで開催予定の世界共産党会議は延期を余儀なく
され、ようやく翌年6月に開催された。軍事介入によりソ連
はチェコスロヴァキアをコントロール下に置くことに成功し
たが、チェコスロヴァキア国民からの信頼を失った。宮地
(1968) も言うように、チェコスロヴァキアは長い親ソ外交
の歴史と伝統を持つ国であった。初代大統領のマサリクは東
欧の小民族は、ドイツ、オーストリアのなすがままにならな

---

(17) ソ連の軍人で、後に異論派に転じてクリミア・タタールの
郷土復帰運動の指導者になったグリゴレンコ将軍は、チェコス
ロヴァキアを防衛するオプションは純軍事的観点から実行可能
であると考えており、ヴァレンタのインタビューに答えて、次
のように語った。もし自分がチェコ人であるならば、攻撃の撃
退を準備するだろう、守るのはかなり容易だ、オーストリア国
境はハンガリーと同様、安全だから無視して差し支えない。ソ
連、ポーランド、東独の国境だけが残されている。戦車部隊を
止めるために、1ダース未満の道路が塞がれなければならない
だろう。小数の空港の防衛を加えれば、ワルシャワ条約軍によ
る奇襲攻撃はありえないだろう。奇襲がなければ、侵攻全体が
失敗するだろう。それは侵略者の全面的な破綻で終わるかもし
れない。グリゴレンコはドゥプチェクに手紙を書き、1968年
7月に在モスクワ・チェコスロヴァキア大使館を通じて、自分
の分析をチェコスロヴァキア指導部に伝えたが、ドゥプチェク
はそのアドバイスを採用しなかった (Valenta, 1991, pp. 187 -
188)。

いようにするため強力なロシアの存在を必要とすると語っていた。マサリクのあとを継いだベネシュ大統領も同様に考えていた。1938年のミュンヘンの宥和により、チェコスロヴァキアは英仏から見放され、ヒットラーによって蹂躙された。第二次世界大戦ではチェコ人やスロヴァキア人による解放闘争もあったが、それ以上にソ連の軍事力がものをいった。ベネシュは西欧とソ連との間の架け橋になろうと努めた。それゆえ、戦後の総選挙でチェコスロヴァキア共産党は最大の得票を得たのである。社会主義の道を歩むようになってからは、スターリン主義、個人崇拝、粛清など否定的な出来事もあった。それでも、チェコスロヴァキア国民はソ連に対する強い親近感を持っていたのである。チェコスロヴァキアへの軍事介入は、圧倒的多数のチェコスロヴァキア国民を敵に回す愚挙であり、彼らの信頼を失った。1960年代後半、西欧諸国ではマルクス主義思想のルネサンスが起こり、世界的にもチェコスロヴァキアの「人間の顔をした社会主義」は大きな関心を呼んだ。しかし、チェコスロヴァキアの改革の武力による弾圧により、現存社会主義の民主的な再生の可能性は絶たれ、社会主義は急速に色褪せたものになっていった。

　スターリン主義を克服しようという動きはようやく1956年のフルシチョフによるスターリン批判で始まった。そのフルシチョフも1964年10月に失脚し、その後のブレジネフ政権の下で徐々にスターリンの再評価が行われた。特殊なソ連型社会主義が、西欧的な文化をもつチェコスロヴァキアに押しつけられたところに無理があった。私見では、もしソ連が社会主義として存続しようとするならば、1960年代にソ連の政

治と経済の徹底的なオーバーホールが必要であったと思う。

ソ連自身への影響

　経済改革を徹底すれば、それは政治改革に連動せざるをえない。チェコスロヴァキアへの軍事介入により、1965 年に始まったソ連の経済改革は事実上停止し、それに逆行する経済管理の集権化への動きが始まった。それと共に、コスイギン首相の発言力も低下していった。1970 年代の２度にわたる石油危機は世界的な原油価格の上昇をもたらし、産油国ソ連の経済を一時的に潤したが、それがゆえにソ連は自らを改革する機会を逃し、停滞に陥ったのである。1985 年に書記長に就任したゴルバチョフはブレジネフ時代の末期をふり返り、それは「危機寸前」であったと評した。こうして 1986 年に「ペレストロイカ」（抜本的改革）が始まった。この努力はあまりにも遅すぎた。ペレストロイカはやがて破綻し、1991 年のソ連邦解体と本格的な市場経済移行（＝資本主義復活）をもたらすことになる。そして、それはその後の世界的な新自由主義の隆盛に資することになった。

その後のチェコスロヴァキア

　「プラハの春」を否定し、ソ連の後押しでその地位についたチェコスロヴァキアの保守的指導者たちは、ソ連が「プラハの春」に類似した改革を進めていることに危機感をいだき始めた。1987 年にソ連のゴルバチョフ書記長がこの国を訪問した。ペレストロイカを歓迎するチェコスロヴァキアの民衆から「プラハの春」とペレストロイカとの違いを質問され

たとき、同行のゲラシモフ情報局長はただ一言「20 年」と答えたという。1989 年 11 月 9 日、「ベルリンの壁崩壊」の知らせはチェコスロヴァキアにも伝わった。連日の 10 万人デモが行われた。11 月 24 日、ヤケシュ書記長とフサーク大統領が退陣し、共産党の独裁は事実上崩壊した。チェコスロヴァキアの政変は短期間にきわめて平穏に行われたので、「ビロード革命」と呼ばれる。「プラハの春」の立役者で元共産党第一書記のドゥプチェクは 11 月 21 日、公衆の前で演説を行った。共産党と市民団体が協議し、複数政党制による連邦議会選挙が実施され、チェコでは「市民フォーラム」、スロヴァキアでは「暴力に反対する公衆」が第 1 党になった。それを受けて、12 月 29 日、反体制運動の指導者で、劇作家のヴァツラフ・ハヴェルが大統領に就任し、ドゥプチェクは連邦議会議長に就任した。しかし残念なことに、ドゥプチェクは 1992 年 9 月 1 日に、交通事故で重傷を負い、9 週間後には死亡した。分離独立の交渉をしていたスロヴァキアとチェコは同年 12 月に合意し、1993 年 1 月 1 日にそれぞれ独立した国家となった。両国はそれぞれ独自に市場経済移行[18]を進め、21 世紀に EU 加盟国となった。

後日談

　1　占領軍の最高司令官はソ連のパヴロフスキー将軍だと伝えられた。それは表向きの話であった。ヴァレンタは興味深い後日談を伝えている。彼の書物の初版は 1979 年に刊行

---

(18) チェコの体制移行プロセスについては、池本（2001）を参照。

された。その後、彼はペレストロイカが始まって人々が自由にものを言えるようになったソ連を1989年秋に訪問し、存命のチェコ事件関係者に会い、聞き取り調査をした。そして、知りえた重要な事実を第7章「新たな証拠と結論」として付け加え、1991年に第2版を刊行した。第7章の叙述の中で、とくに私の興味を引いたのは1968年当時ソ連共産党政治局員で副首相であったマズーロフとのインタビューであった。これを読むまでは私は、パヴロフスキー陸軍大将が最高司令官であり、日本の敗戦後しばらくＧＨＱ総司令官として君臨したアメリカのマッカーサー元帥のような役割を演じたと理解していた。ところが、マズーロフは、地上作戦を監督するために自分がプラハに派遣されたことを明らかにした。彼は退役陸軍中佐であったが、「トロフィーモフ将軍」という変名を用いて軍事と民生の両面を指揮した。最高司令官のパヴロフスキー将軍はマズーロフの指揮下にあったのである（Valenta, 1991, p. 185）。

　2　ミハイル・スースロフはソ連共産党政治局員・イデオロギー担当書記であるが、ヴァレンタ（1979, 1991）とドーイッシャ（1984）を読むと、チェコスロヴァキア共産党との対応では常に介入に消極的でハト派であるように見える。しかし、それは、彼は国際共産主義運動も担当しており、1968年11月にモスクワで開催予定の世界共産主義者大会に及ぼす影響を気にしていたからである。彼は1964年10月に党中央委員会総会で検事役を務め、当時のフルシチョフ第一書記・首相を批判し、退陣に追い込み、ブレジネフ（第一書記、後に書記長）、コスイギン（首相）、ポドゴルヌイ（最高会議幹部

会議長）の体制誕生の立役者であり、党内では隠然たる力を持っていた。ドゥプチェクは回想録で次のように語っていた。「1982年1月には、スースロフの死という、私から見ればひじょうに重要なでき事が起きた。彼は、政治局内でスターリンと直接のつながりのある最後の人間であり、わたしはつねづね、彼こそが影の主役だと信じていた。事実、スースロフの死の直後から、アンドロポフは、ブレジネフを攻撃しはじめたといわれている」（ドプチェク、1993、443頁）。

第5章　社会主義の崩壊はなぜ？

1　ソ連型社会主義の限界

　東欧とソ連における社会主義の崩壊の原因は次のように考えられる。

　(a) そもそも過度な集権的経済管理システムを特徴とするソ連型社会主義に無理があった。初期の工業化や戦時および戦後復興においてはそれなりに機能した計画経済は、産業構造が高度化し、欲望が多様化した社会にはうまく対応できなかった。財の種類が増えるにつれて中央計画機関が処理すべき情報量は飛躍的に増加するのであり、市場メカニズムの利用は不可避であった。情報の量は幾何級数的に増加する[1]。中央計画機関（ゴスプランのような）が資源分布を考慮し、需要を予測しながら、すべての生産物の生産量と資源配分量を事前に計算することは不可能である[2]。実際に存在したのは戦時動員経済であった[3]。経済の効率化をはかろうとすれば、市場メカニズムの利用範囲は消費財だけでなく、生産財の分野やその他の分野に拡大せざるを得なかった。

　(b) 経済改革を徹底させようとすれば、それは政治改革

（1）塩沢（1998）は、2のN乗に比例する計算時間の爆発について述べている。

に波及せざるを得なかったが、その動きは一党独裁の政治体制と衝突する。チェコスロヴァキアでは経済改革が政治改革と連動した。ソ連ではコスイギン首相の主導で経済改革が進められていたが、チェコ事件を契機に、ソ連の保守派が巻き返しをはかり、経済改革は逆転させられた。国営企業が守るべき義務的指標の数は再び増やされ、中央統制が強められた。そもそも社会の多様な利益を一党が代表することには無理があった。

　（c）西側諸国が1970年代に2度の石油危機を経験し、省エネ技術の開発やマイクロエレクトロニクス化を必死に追求していたとき、石油産油国であったソ連は原油価格の上昇で潤ったので、真剣な努力を怠った。ソ連ブロックの東欧諸国もソ連から比較的安価な石油の供給を受け、石油危機をそれ

（2）数学者で管理の問題の専門家であり、科学アカデミー会員のV・グルシコフは1974年に刊行された著書『コンピュータと社会主義』（邦訳は1976年）で、コンピュータの進歩がソ連の社会主義の発展を支えると論じている。彼は、コンピュータを用いた情報処理の集中化は「非市場的分権システム」を可能にするという興味深い主張を展開しているが、いまあらためて読み直すと、ソ連社会について過度に楽観的であったと感じる。たとえば、農業集団化は漸進的にゆっくりやることもできたし、急激にやることも可能であったが、状況の要求するところに従って第二の道を選んだのは正しかったと述べている（211頁）ように、ソ連共産党独裁の政治システムを無条件に支持していた。

（3）盛田（2020）を参照。

ほど深刻に受けとる必要はなかった。

　(d) 巨額の軍事支出の重荷。1917年の十月革命の後、ボリシェヴィキ政権を倒そうとして旧勢力が各地で白衛軍を組織して立ち上がった。それに呼応して1918年3月以降、14の外国（日本を含む）の軍隊が介入して国内戦＝干渉戦が1920年春まで続いた。ボリシェヴィキ政権は勝つには勝ったが、これにより、たえず敵対的な国々に包囲されているという危機意識が植え付けられた。第二次世界大戦時のナチス・ドイツとの血みどろの戦いの経験⁽⁴⁾も軍事力の重要性をソ連の指導者の意識に強く植え付けた。それゆえ、ソ連は多額の資金と優秀な人材を軍事技術や宇宙開発に投入してきた。その結果、国民の消費生活はお粗末なものとならざるを得なかった。1980年に発足したアメリカのレーガン政権はソ連に対して軍拡競争を仕掛けた。ソ連も対抗せざるを得なかったが、経済力においてアメリカに劣るソ連は音を上げたのである。1985年3月にソ連共産党書記長に就任したゴルバチョフは、ブレジネフ時代のソ連は「危機寸前」の状態だと語った。

　(e) 情報化時代に対応できず、1980年代には西側に対する立ち遅れは甚だしいものとなった。

　(f) 一党独裁体制が自由と民主主義を制約した。自由と民主主義を求める国民の要望をいつまでも抑えることはできなかった。

　(g) 1985年4月、ゴルバチョフはユーゴスラヴィアの首都ベオグラードを訪問し、「新ベオグラード宣言⁽⁵⁾」を発表した。

（4）大木（2019）は絶滅戦争と表現している。

この中で、1968年のチェコ事件の際に出されたブレジネフ・ドクトリン（＝限定主権論）を事実上否定し、東欧諸国の自立と民主化を促した。これは、困難な状況にあったソ連はもはや東欧諸国の面倒を見ることはできないという国内事情の現われでもあった。東欧諸国の人々は当初半信半疑でこれを受け止めたが、独立と民主化を求めて動き出しても、ソ連による干渉はなかったので、これらの国々、とくにポーランドとハンガリーでの政治改革の動きは加速した。

　(h)　ゴルバチョフはアメリカとの軍拡競争をやめたいと考えた。階級よりも全人類的価値を重視し、積極的に平和攻勢を仕掛けた。これが「新思考外交」である。1989年10月のアイスランドの首都レイキャビクでの米ソの首脳会談は冷戦の終焉をもたらした。東欧の社会主義は冷戦の産物であった。冷戦の終焉、すなわち「ヤルタ体制」の崩壊は、東欧諸国をソ連ブロックに繋ぎ止め、ソ連型社会主義を堅持する必要性を消滅させた。

　なお、独自の社会主義の道を歩んでいたユーゴスラヴィアにおいても社会主義が破綻し、1991年には連邦国家は分解した。自主管理原則を社会の隅々に適用し、社会、政治、経済の分権化を推し進めようとした点では、ソ連型社会主義とは大きく異なるが、他面では、ソ連型社会主義と共通する特

（5）「新」が付くのは、1955年にフルシチョフ第一書記が、それまで対立していたユーゴスラヴィアとの関係正常化を求めてベオグラードを訪問したときに発表した「ベオグラード宣言」があるからである。

徴、すなわち、ユーゴ共産主義者同盟の一党独裁を抱えていた。この体質および自主管理そのものの問題（非効率性）ゆえに、旧ユーゴの社会主義も破綻を免れなかった。

2　一党独裁体制とロシア革命の再考

ロシア革命は、マルクスの考えたものとは違う。ロシアのナロードニキ（人民主義者）はマルクスの著作をよく読んでいた。ヴェラ・ザスーリッチ（ナロードニキの女性革命家）は1881年にマルクスに、農村共同体が根強く残っているロシアで社会主義を実現することができるかと手紙で尋ねた。マルクスの返事は長文で難解だが、肯定的な回答であった。西欧が機械や汽船や鉄道を備えた資本主義になったときに、ロシアには農村共同体が存在するが、ロシア人は農村共同体を西欧のように解体する必要がないと言う。明示的ではないが、西欧の資本主義と一緒にして考えれば、ロシアでも社会主義が可能だと示唆していた。[6]

そもそもソヴェト社会主義はロシア的後進性とロシア文化によって刻印された特殊な社会主義であった。労働者は人口のわずか数％で、農民が人口の80％も占めていた。1917年のロシアの識字率はフランス革命（1789年）当時のフランスの識字率よりも低かった。

帝政ロシアでは法は、国民の代表によって構成される議会

（6）マルクス「ヴェラ・ザスーリッチへの手紙」（『資本制的生産に先行する諸形態』）。

で制定するものではなく、ツァーリ（皇帝）が制定するものであった。栖原（2001）は、「一般のソ連人にとって、法というルールは、それを定める国家と同様、自分たちにとってよそよそしいものにすぎなかった。こうした状況は、まさに法ニヒリズムという言葉にふさわしい」（139頁）と述べている。これはロシアではローマ法に関連する法文化が継受されなかったということと関係があるかもしれない。栖原（2001）によると、西欧では教会（法王）と世俗権力との戦いに見られるように、同一コミュニティにおける多様な法域、多様な法制度の共存と闘争があり、この闘争を解決するために、西欧諸国は法の及ぶ範囲の明確化の必要に迫られ、そのための根拠を、古代から引き継がれたローマ法に求めた。ロシアにおいてもローマ法の継受は一定程度行われたが、ローマ法に関連した法文化は、ロシアの法文化とは無縁であった。西欧で見られた聖と俗との闘争はロシアではまったく存在せず、教会は専制権力の一部となっていた（141頁）。

　帝政ロシアでは、社会の「上層」と「下層」が完全に分離していた。貴族や知識人は西欧文化（バレーや音楽、文学作品、衣装、等々）に浸っていたが、多くの下層の人々（大部分は農民、そして労働者）はそれとは無縁の生活を送っていた。そもそも議会は1905年まで存在しなかった。1905年に日露戦争での敗北、国全体で異議申し立ての運動（失敗したが、1905年革命とも呼ばれた）に直面して、皇帝はようやく議会開設を認めた。上院の議員の半数は皇帝が選んだ。下院（ドゥーマ）は開催されたが、皇帝はすぐに解散した。議院内閣制は不在であった。皇帝の寵臣が大臣になった。自由主義者たちは「責

任内閣」（議会に責任を負う）が無理でも「信任内閣」（世論が広く信頼を寄せられる開明的な官僚が大臣）を求めていた。

　第一次世界大戦は総力戦であった。ロシアは協商国（英仏）の側について参戦したが、戦争が長引き、経済的に疲弊した。前線に送る武器弾薬が欠乏し、都市の住民の食糧も不足し、しだいに国民の厭戦気分が強まった。にもかかわらず、ロシアは戦争を継続した。その結果、1917年、二月革命が起き、ツァーリズムはあっけなく崩壊した。第一次世界大戦のさなかロシアで民主主義革命が起きたが、ボリシェヴィキ（ソ連共産党の前身）はさらに社会主義を目指した。レーニンたちは、ロシアが口火を切ったが、この後に西欧先進国の革命が続くに違いないという期待を持っていた。だが、期待していた西欧での革命は起きず、ボリシェヴィキは一国社会主義建設をせざるを得なかった。また、和田春樹（1967）が述べたように、十月革命は、ボリシェヴィキと農民政党の左翼エスエルとの連立政権としたスタートしたが、この連立は3ヵ月しか続かなかった。ドイツとの講和をめぐり左翼エスエルは政権から離脱し、反乱を起こし、ボリシェヴィキによって鎮圧された。そして国内戦（1918－20年）では旧体制の勢力からなる白衛軍と血みどろの戦いの末、ボリシェヴィキが勝利した。結果的に、ボリシェヴィキ1党しか残らなかったのである。国内戦により経済は疲弊し、1921年3月のボリシェヴィキ第10回党大会の最中にクロンシュタットの反乱が起きた。これはそれまでしぶしぶボリシェヴィキを支持してきた農民の大きな不満を反映していた。そこで、党大会で戦時共産主義からネップへの移行が決定された。この難局にあ

ってボリシェヴィキは分派禁止の決議を採択した。私は、こ
れは緊急避難的に採択されたと理解するが、そうではなく、
前衛党のためのついに発見された普遍的な組織原則だと理解
する人も多い。ソ連共産党は分派禁止と民主的中央集権制と
いう組織原則をコミンテルン（国際共産党）を通じて世界各
国の共産主義政党へ輸出した。後にソ連と政治的に対立する
ことになる中国や北朝鮮もそれを受け容れ、現在でもそれを
維持している。この組織原則は一党独裁と結びつくことによ
り、党は国家と融合、癒着、一体化し[7]、結果としてスターリ
ンの独裁を許すことになった。

　ソ連の深刻な問題を理解するには「大国主義」（そういう
要素もあるが）というよりも「スターリン主義」という概念
で考える方が適切だと思う。スターリンの独裁体制の下で、
十月革命の立役者を含む多くの党中央委員が粛清された。干
渉戦の記憶、そして敵対的な西側諸国によって常に包囲され
ているという危機意識が国内の抑圧体制を正当化した。

　レーニンは西欧の事情をよく知る知識人であったが、ロシ
アの法文化の下で育ったので、彼には議会軽視があったと思
われる。『国家と革命』などの著作を読むと、レーニンは、

（7）岩田（1994, 178頁）は、こうしてできあがった体制を「マ
　ルクス・レーニン主義的党社会主義」、または簡単に「党社会
　主義」と呼んでいる。それは、資本主義を超克する新社会の生
　成と展開をデザイン主義的に領導しようという試みで、党を前
　衛、主体、作動因とし、市民（常民）社会を後衛、客体、反応
　者とするものであったと論じている。

４年に一度選挙をやって、あとはおしゃべりをするだけのブルジョア議会とは違い、ソヴェトはパリ・コミューン型の組織で、行動する組織が意思決定をするとして美化していた。しかし、これは執行権（行政）が立法権（議会）に対して優位に立つことに繋がる。これにも問題があったと思う。

　池田（2017）によると、ロシアでは憲法制定会議は、二月革命以降、すべての政党（ボリシェヴィキも含む）の目標であった。ボリシェヴィキの幹部の一人カーメネフは十月革命に先立って、10月10日に「憲法制定会議　＋　ソヴェト。こうした複合型の国家機構に、われわれは向き合っているのである」と語ったという。憲法制定会議の代議員を選ぶ選挙が11月中旬に３日かけて実施された。1918年１月５日に憲法制定会議が招集された。715人の代議員のうち、ボリシェヴィキと左翼エスエルは合わせて155人しかいなかった。いくつかの決定を採択しただけで１月６日未明散会され、以後、開催されなかった（204-220頁）。こうした憲法制定会議の否定も大いに問題であった。

3　具体的な分析が必要

　1956年のフルシチョフによるスターリン批判の衝撃は大きく、ソ連の政治に対する批判的な見方が広まった。それでも、多くの人々が図式的な見方、たとえば、原始共産制社会→奴隷制社会→封建制社会→資本主義社会→社会主義→共産主義（狭義の共産主義）という史的唯物論の図式を信奉してきた。私を含めて、左翼の人たちはソ連社会が社会主義社会

だと前提して議論していたように思われる。たとえば、生産手段を社会全体で所有することにより、社会全体があたかも一つの工場のようになり、それゆえ、社会主義社会＝非商品生産社会だ、云々。ここから多くの学者が抽象的な議論を展開していた。晩年のスターリン論文「ソ同盟における社会主義の経済的諸問題」は、ソ連でまだ商品交換が行われる理由として、生産手段の国有（＝全人民的所有）のほかに、それよりも低次の集団的所有（＝協同組合的所有）が併存しているからだと述べていた。したがって、論理的には、社会全体で生産手段の国有が支配するようになれば、商品生産が不要ということになる。ソ連科学アカデミー経済研究所編の『経済学教科書』の社会主義経済を扱った篇はこのスターリン論文をベースにしていた。『経済学教科書』は日本でも翻訳され、1960年前後に日本でもそれの普及活動があったと聞く。

　だが、ソ連は1960年代には経済成長率の鈍化傾向に直面して経済効率を高めるために「利潤」概念を導入せざるを得なくなった。エフセイ・リーベルマン（ハリコフ経済大学教授）の提案は大きな反響を呼んだ。1962年9月1日付の『プラウダ』（ソ連共産党機関紙）に掲載されたが、それは党上層部の支持を得ていたことを意味する。正確に言うと、従来から「利潤」という指標が存在していたが、それは数十もの義務的指標の一つにすぎず、最も重視されたのは総生産高指標であった。計画経済と言いながら、企業長と上級国家機関との間には交渉の余地があり、企業長は次年度の計画目標を低めにするよう努力した。数多くある義務的指標の間には矛盾するものがあったが、企業長はほかの義務的指標を犠牲にし

ても総生産高指標を達成しようと努力したので、無駄が非常
に多かった。リーベルマンは義務的指標の数を思い切って減
らして、企業の自由度を高め、利潤を評価の中心にし、成績
の良い企業には報奨金を出すようにすれば、経済効率が高ま
ると考えたのである。義務的指標の数はリーベルマンが主張
していたものより少し多かったものの、彼の提案は基本的に
は採用され、1965年にコスイギン首相の主導で経済改革が
実施された。

　ソ連の現実が少しずつ見えてくると、上記のような図式的
な見方は無益であることがはっきりしてきた。だから、私は
社会主義における価値法則とか、社会主義の経済法則とか、
社会主義における所有とか、社会主義における労働に応じ
た分配という抽象的なテーマには興味が持てなかった。私は
大学院生時代、現代社会学研究会に参加した。東京大学大学
院の国際関係論コースは社会学研究科に属しており（ほかに、
社会学、新聞学、文化人類学）、その関係で、他のコースの大
学院生とも交流があったので、この研究会に定期的に参加し
た。この研究会での庄司興吉氏(当時、東大文学部社会学科助手。
現在、東大名誉教授) の見方は示唆に富む。発言されたご本人
は覚えていないかもしれないが、「ソ連は党官僚主導型強行
的工業化社会」だという指摘は、私の頭の中にずっと残った。

4　ゼノナス・ノルクスの見解
（リトアニアの歴史社会学者）

　私は2019年夏に論文「リトアニアからの人口流出と過疎

化」を執筆中、インターネットで資料を探しているときに、『バルトのスロヴェニアとアドリアのリトアニアについて』という書物の存在を知り、早速購入して読んだ。この本の目的の一つは、エストニアやスロヴェニアと比較しながら、ポスト共産主義のリトアニアにおける資本主義と民主主義の進化を考察すること（第Ⅱ部）であるが、その前段階として、ポスト共産主義転換の一般理論の構築を目指している。バルト三国はわが国のマス・メディアでは言及されることはめったにない。いずれも日本の県並みの小国にすぎないが、学問や芸術やスポーツの世界ではときどき世界的に第一級の人物が出現する。ゼノナス・ノルクスもその一人であるので、この書物のエッセンスを以下に紹介する。

　共産主義を、「1917 年以降ロシアで出現し、その後、カール・マルクスによって描かれた共産主義的ユートピア（すなわち、無階級社会）を実現しようという努力により他の国々へと広がった社会システム」と定義する。共産主義を a) マルクス・レーニン主義イデオロギー、b) 計画化された行政的経済、c) 全体主義的または権威主義的な政治的体制を含む社会システムだと仮定するなら、既存の共産主義のための6つの様式を区別することができるという。そのうちの次の3つは現実の生活でも観察することができる。

　1) 中国とベトナム（a と c を保持するが、b を欠落）

　2) 旧ソ連の大部分の共和国（c を保持するが、a と b を欠落）

　3) 中欧とバルト三国（a、b、c を欠落）。

　ノルクスは次に目的論的アプローチに言及し、ポスト共産主義転換の積極的な定義する。もし共産主義転換のありうる

最善の結果が合理的な企業家的資本主義＋自由民主主義だと考えられるならば、移行の成功した事例と失敗した事例を区別することができる。目的論的アプローチにはこれまでに3つの流れがあった。

　第1に、「全体主義としての共産主義」と見る見方。第2に、「近代化への一つの経路として共産主義」を見る見方。第3に、「共産主義的新伝統主義」で、1970年代に脚光を浴びた見方である。ノルクスによると、スターリンの後を継いだフルシチョフ第一書記はネオ家父長制的傾向と闘った。1964年10月に失脚したフルシチョフの後に実権を握ったブレジネフ党書記長が「基幹職員の安定」という政策を発表したとき、スターリン時代から受け継がれた厳格に集権化された指令的・行政的機構の外見の下から古いロシアや中世ヨーロッパの部分的な公国君主の精神と機能を思い起こさせる権力構造が現れ始めた。これとの関連で、ノルクスはマックス・ウェーバーの議論を援用して、「中央計画経済」をオイコス型[8]経済と呼ぶ。

　ノルクスは歴史社会学の専門家だから当然のことだが、歴史を重視している。体制転換後の社会を見ると、各国の間でますますその差異が深まる。「共産主義到来以前にどの文明に属していたか、およびその発展レベルにより違いが生じる」

（8）「オイコス」とは、「君主、荘園領主または貴族の権威主義的な家計」であり、「その最も顕著な例はプトレマイオスの下での古代エジプトと16世紀から18世紀にかけてのロシア」で見られた。Norkus, 2012, p. 37.

と主張して、彼は次の３つのタイプを挙げている。

　①官僚制的＝権威主義的な共産主義の国々。チェコや東独のように、共産主義が移植される前に社会的、文化的、政治的に近代的であった国々ではこのタイプの共産主義になった。

　②民族的共産主義の国々。社会における反対分子を権威主義的な共産主義諸国ほど情け容赦なく抑圧はせず、彼らが政治的に受動的な立場に甘んじるならば、何らかの市民権を保証し、社会生活のすべての領域を全面的にコントロールすることは差し控えた。民族的遺産と結びついた領域は残され、「民俗的文化」の普及促進がなされた。ハンガリー、スロヴェニア、クロアチアがその例であり、ポーランドは①と②の混合。

　③家父長的共産主義。これに該当するのは、旧ソ連のうち、バルト三国を除くすべての共和国、そしてブルガリアとルーマニアである。

　セルビアとスロヴァキアは②と③の混合である。エストニアとラトヴィアはチェコと東独に存在した①に比較的類似していると見る。リトアニアはエストニアやラトヴィアと比べると、近代化が遅れていたが、1960年代には工業化と都市化が進み、近代的な社会になった。⁽⁹⁾

　体制転換後中東欧諸国は欧米からの外国直接投資に依存しながら資本主義の道を歩んだ。ノルクスは、これらの国々は世界資本主義に組み込まれたと言う。世界資本主義はコア、準コア、準周縁および周縁からなる。バルト三国と中欧は準コア、バルカンのルーマニアとブルガリアは準周縁に位置づ

けられている。スロヴェニアの位置づけは微妙である。バルト三国や中欧諸国と一緒に準コアに位置づけられているが、別の個所では違う位置づけもしている。この国の産業や金融セクターが外資によって支配されてないので、従属的市場経済ではない、世界で通用する独自ブランドを持つ企業が多く存在する。このように述べて、彼は、スロヴェニアは、イノベーション主導の経済成長をし、エレクトロニクス、化学（とくに製薬）およびエンジン生産の分野において優位を持っているという理由で、世界資本主義のシステムのコアの国に分類している。

　前述の、体制転換後の社会について、「共産主義到来以前にどの文明に属していたか、およびその発展レベルにより違いが生じる」というノルクスの主張は、言われてみればそうだと感じるが、いままで日本の研究者からはそういう主張を聞かなかったように思う。この見方に照らして見ると、1968

（9）ノルクスの議論で興味深い点は、中国とベトナムを資本主義国と見ることである。両国で合理的な企業家的資本主義（REC）が形成された。REC形成の画期となる年としてWTOに加盟した2001年、共産党が資本家にも隊列を開いた2002年、そして私的所有は神聖で不可侵だと宣言された2004年を挙げる。彼は、「国の政治システムを変えることなく、共産主義から離脱することは可能だ」と言い、権威主義的な一党独裁によって支配されているが、「民間資本セクターが急速に成長するか、または事実上支配的である国を『共産主義』と呼ぶ理由はない」と述べる。

年のチェコ事件は、ロシア的な土壌で育った家父長的共産主義と、西欧の文化的土壌で育ち、議会制民主主義を経験したチェコスロヴァキアの共産主義の激突であったと解釈することもできよう。

5　ソ連型社会主義を全否定できるか？

ソ連型社会主義は、質的には問題があるにせよ、社会福祉を実現した。堀林功氏（金沢大学名誉教授。2018年没）『中東欧の資本主義と福祉システム－ポスト社会主義からどこへ－』（旬報社、2016年）の中である画家との会話を紹介している。その画家は、「ハンガリー社会主義がなければ、才能があっても貧しい家庭の出身の私のような人物が絵描きになることはできなかった」と言ったという。こういう見方は、ヤーノシュ・コルナイの「時期尚早の福祉国家」という見方と対立する。コルナイは、経済的実力が伴わないにもかかわらず、ハンガリー（その他の社会主義諸国も）は分不相応にも福祉システムを導入したと言いたいようである。コルナイは福祉をめぐってフェルゲと論争したそうである。

次に、ポーランドのマルチン・ピアトコフスキ（コズミンスキ大学教授）の『ヨーロッパの成長チャンピオン－ポーランドの経済的興隆からの洞察－』（Oxford Univ. Press, 2018）の見解を紹介する。共産主義は純粋な災厄ではなく、体制転換後のポーランドの経済発展の基礎を築いたというピアトコフスキの主張はユニークで、たいへん興味深い。彼は制度を重視し、アセモグル＝ロビンソン（2013）の分析枠組みに基

づいて中世から現代までのポーランド社会を分析している。ポーランド王国は16世紀末に勢力の絶頂に達し、その後停滞し、18世紀後半に隣接する3つの大国によって分割され、1795年にポーランドは地図上から消滅した。ポーランドではシュラフタ（士族）で構成される議会が国王の権限を抑制し、当時としてはヨーロッパで最も民主的な国であったという評価もあるが、著者は、シュラフタの否定的役割を強調する。シュラフタは国益よりも自分の階級的利益を優先したので、外国の介入を招き、国の消滅という結果に至ったのである。彼によると、多くの点で、戦間期のポーランドは、南北戦争から1960年にかけてのアメリカの南部に似ていた。共産主義の重要な遺産は、それがもたらした高いレベルの厚生ではなく、共産主義がポーランドの（そして中東欧の）発展を数世紀も歪めた古い、封建的収奪的社会構造を取り除いた

---

(10) アセモグルとロビンソンは、国の長期の経済発展を決める要因は、地理や文化ではなく、政治的・経済的制度だと主張する。彼らによると、包括的な経済制度は成長を促進する。なぜならば、それが所有権を守らせ、皆にとって平等な競争の場を作り出し、新たな会社の市場参入を許し、経済的取引の費用を引き下げるからである。収奪的経済制度は経済発展を阻害する。包括的な政治制度には包括的な経済制度が対応する。そして前者は後者を促進し、後者は前者を支えるという好循環が生まれる。収奪的社会から包括的社会への移行を実現するには、幅広い基盤をもつ政治的支持、既存の制度への圧力が臨界点に達すること、その他の要因が同時に起きる必要があるが、そういうことはきわめて稀だと言う。

という事実だという。戦前のエリートを、虐げられた農民やブルーカラー労働者の中から選び抜かれた新しいエリートで置き換えた。共産党政権は徹底した土地改革を実施した。教育では、ポーランド史上初めて、7〜15歳のすべての子供たちのための無償、均一、公的かつ義務的な初等教育を提供した。中等教育、とくに職業教育も大いに拡大した。大学教育へのアクセスの改善は革命的であった。こうしたことが1989年以降の包括的社会、およびその後の歴史的に前例のない経済的奇跡の出現のための基礎をしいたのだと彼は強調する。

　質的には問題があったかもしれないが、ソ連型社会主義は医療、児童保護、年金などの福祉に取り組み、教育、文化、芸術、スポーツを振興し、そして多くの勤労者が文化、芸術、スポーツを楽しむ機会を拡大した。[(11)]

　以上見てきたように、ソ連型社会主義は非常に歪んだ社会主義であり、多くの深刻な間違いを起こしたが、全否定はできず、評価すべき面もいくらかはあったように思われる。

---

(11)　体制批判につながりかねない新奇な、創造的な文化・芸術活動はしばしば抑圧されたが、再現芸術（バレーの演技や音楽の演奏など）は大いに奨励された。また、スポーツは国威発揚のため捻じ曲げられたこともあったが、大いに奨励された。

第6章　旧ユーゴの民族紛争を考える

1　ユーゴスラヴィア国家の形成

　1991年までバルカン半島にユーゴスラヴィアという連邦国家が存在した。「ユーゴスラヴィア」とは南のスラヴ人の国という意味である。歴史的には2つの時期に分けて見ることができる。第1のユーゴは1918年 – 1945年、第2のユーゴは1945年 – 1991年の期間、存在した。

　19世紀前半に外国の支配下にあったセルビア、クロアチア、スロヴェニアでは知識人を中心に南スラヴ運動が始まったが、彼らの願いの実現は1918年まで待たなければならなかった。第一次世界大戦で敗北したオーストリア・ハンガリー二重帝国が崩壊した。セルビアはすでに独立国家であった（1876年にトルコから独立）。スロヴェニアはオーストリアから、クロアチアはハンガリーからそれぞれ独立し、一つの国「セルビア人・クロアチア人・スロヴェニア人王国」（第1のユーゴ）を形成した。ところで、国家形成は非常にあわただしかった。3民族の代表が交渉していた1918年11月前半、まだ降伏していなかったイタリアの軍隊がロンドン秘密条約で指定された境界線を越えてスロヴェニアに進軍し、さらにクロアチアのリエカ（イタリア名ではフィウメ）を占領した。スロヴェニアとクロアチアは領土を守るために、軍事力を持

つセルビアとの連合にすぐ入ることがきわめて重要であった。こうして同年 12 月 1 日に建国が宣言された。大急ぎで建国が決まったが、憲法など重要なことは何も決まっていなかった。宣言から 3 年近くたって、ようやく 1921 年 6 月 28 日にセルビア選出の議員が多数を占める議会で憲法が可決された。セルビア王国の憲法をモデルにして制定されたこの憲法は、連邦制を希望していたスロヴェニア人やクロアチア人の意思に反し、中央集権的国家体制をデザインしたものであった。国のまとまりは非常に悪く、各民族のエリートが団結したのはただ一点、台頭しつつあった労働運動や社会主義者たちの運動を弾圧することであった。1928 年に国名はユーゴスラヴィア王国に変更された。

　スロヴェニアの政治学者アントン・ベブレル（Bebler, 1998）によると、バルカンのスラヴ人によってスロヴェニア人はまったく異なる環境におかれた。バルカンの文化的背景と東方正教会を反映したセルビアの官僚制との共存にスロヴェニア人は違和感を持ち、苛立ちを感じた。スロヴェニア人と南スラヴ人との関係について、スロヴェニアの有力な作家イヴァン・ツァンカルは 1913 年に次のように語った。「われわれは血では兄弟であり、言語ではいとこであるが、文化では、それは数世紀もの別々の育ち方の果実であるが、わが高地カルニオーラ（現在のスロヴェニアの大部分を指す地域）の農民がチロル人と親密であるほどには、お互いは親密ではない」（ベブレルからの再引用）。このような違いがあったにもかかわらず、70 年以上も「ユーゴスラヴィア」国家が存続できたのは、旧ユーゴの諸民族が強大な大国、すなわち、ド

イッとイタリア、そして戦後はワルシャワ条約機構加盟国（ソ連と東欧諸国）に囲まれているという危機意識を共有していたからであった。

2　クロアチアの春

　多民族国家ユーゴの内部では、獲得した外貨の配分をめぐってクロアチア人は不満をつのらせていた。共和国間の対立や自主管理の問題に対処するため、チトーは1970年夏に連邦憲法の改正案を準備するよう指示した。1971年憲法修正を経て、1974年憲法が制定されるが、その間に政治的に重大な出来事が生じた。クロアチア内部の雰囲気を反映して、「マーティツァ・フルヴァーツカ（クロアチア文化協会）」の活動が活発化した。当時のクロアチア共産主義者同盟（ＬＣＣ）の指導部は、ベオグラードに対して交渉力を強めるためにこの団体の活動を許容した。しかし、この団体の組織と影響力が拡大し、ついにはＬＣＣのコントロールを越えるようになり、1971年秋には国連へのクロアチアの単独加盟など過激な要求を掲げるようになった。

　ここに至り、チトーが介入し、「クロアチアの春」は鎮圧され、ＬＣＣの指導部の多くは辞任を余儀なくされた。３年前の1968年にチェコスロヴァキアへのソ連の軍事介入があったばかりで、このタイミングでの国連への単独加盟という要求は現実的ではなかった。チトーは、1965年改革以来の共和国の権限強化の流れは止めることができなかったので、彼は緩んだタガを引き締めるかのごとく、共産主義者同盟の

再集権化（党内の民主集中制の強化など）の方向に動いた。チトーは外国の侵略やソ連による圧迫に対して断固として戦い、国を守り抜いた指導者ではあるが、彼の社会主義観はかなり古風でボリシェヴィキ的（つまりレーニン的）であった。

3　長引く経済危機

旧ユーゴでは、1970年代末までは経済は年平均7％で成長を続けていた。経済が右肩上がりで成長を続けている限り、チトーの言う「諸民族の友愛と団結」はうまくいっているように見えた。しかし、80年に経済危機が表面化した。1971年に32億ドルであった対外累積債務は77年には95億ドルになり、その後短期間に増え続け、79年には150億ドルに近づいた。78年には短期信用が突然増え始めた。79年6月末にユーゴ共産主義者同盟中央委員会とユーゴ労働総同盟との合同総会が開かれ、経済安定化のため、個人所得（賃金のこと）増加の抑制が強調された。同年末、連邦政府首相は輸入の抑制を国民に呼びかけた。1980年以降、インフレ下で経済は停滞した（スタグフレーション）。この経済危機にはいくつかの原因が複合的に作用していた。

（1）消費と投資の同時膨張。労働者は企業の所得配分に際して、個人所得（＝賃金）と福利厚生の増額に大きな関心を持っていた。企業の業績が振るわない時でも、なるべく計画どおりを引き上げることにこだわった。同時に、投資にも強い関心を持っていた。とくに設備投資をして最新の機械を購入すれば、自分の企業の生産性の向上をもたらすと考え、投

資にも熱心であった。不足する資金は容易に外部から借り入れることができた。1960年代後半、銀行が自主管理企業を牛耳るような事態が生じたので、その反省の上に立って、1974年憲法体制の下では、銀行は自主管理企業に奉仕する金融機関という性格が与えられた。また、銀行は自主管理企業によって設立された。銀行の最高の意思決定機関は銀行総会であったが、これは設立メンバーである自主管理企業から派遣される代表で構成された。生産分野の自主管理企業は銀行に多額の債務を負い、地方の政治サークル（といっても、政党は共産主義者同盟とその外郭団体しか存在しないのだが）も地域経済の発展のために現地の企業への銀行融資に関心を持っていた。だから、銀行は、主な借り手である自主管理企業（＝設立者）の虜になってしまった。

　（2）上記に加えて、1972年の信用制度の変更により、外国からの借入れの主体は自主管理企業とされた。外国からの借入れの自由化は、とりわけ金融借款の急速な増加を招いた。

　（3）「損失の社会化」（リスクの社会化）。ユーゴ独特の「社会有」[1]概念は非常にわかりにくいが、要するに、「生産手段は皆のものであり、誰のものでもない」というもので、「無所有的性格」が強い。この社会有の下で、実際の経済運営においてはおうおうにして「損失の社会化」あるいは「リスク

（1）ユーゴの指導者たちは、ソ連では労働者や農民から遊離した巨大な官僚機構が出現したが、それは国家的所有によって支えられていると考えたので、ソ連型社会主義を否定するために、生産手段の社会有（社会的所有）を提唱した。

の社会化」を招きがちであった。赤字の自主管理企業に対して破産や解散の手続きがとられることは稀であった。そういう企業の損失は社会的にカバーされた。旧ユーゴでも「ソフトな予算制約⁽²⁾」の問題が存在したのである。

　そのほか、連邦政府の調整能力の弱さ、1974 年憲法体制の下での分権化の行き過ぎ（たとえば、企業の内部の技術的単位を自主管理の基本的単位としたことにより、企業のまとまりを欠くようになったこと）等々が挙げられるが、上記の (1)、(2)、(3) がとくに重要だと思われる。

　有効な解決策をとれないまま経済危機が深まるにつれて、「すべてを束ねる一つの環としての党」であるユーゴ共産主義者同盟の権威が次第に低下していき、80 年代末には民族対立、共和国間の対立が激化した。そのきっかけとなったのがコソボ問題である⁽³⁾。

（2）市場経済においては企業の支出は収入以内でなければならない。一時的に支出＞収入となり、借入れでカバーすることもあり得るが、永続的に続けることはできない。その場合、企業は倒産するからである。ここでは予算制約はハードである。ところが、ソ連型社会主義経済では、企業が赤字になったとしても、上級国家機関が製品価格の引上げや補助金の増額など、あの手この手をつくして企業を支えるし、また企業の方でもそういうことを当てにして行動する。こういう状況を「ソフトな予算制約」と呼ぶ。これがユーゴの社会主義的市場経済でも存在したのである。

（3）コソボ問題とコソボ戦争について詳しくは、小山（2008）を参照。

4 コソボ問題

　旧ユーゴのセルビア共和国のコソボ自治州にはアルバニア人が多く住む（1990年に約90％）。セルビア人にとってコソボはセルビア王国揺籃の地である。セルビア人は、オスマン・トルコの進出と共にアルバニア人がやって来て住み着いたと理解する。しかし、アルバニア人の言い分は違う。セルビア人が来る前に、イリリア人（アルバニア人はその末裔）が住んでいたと主張する。コソボの人口（約200万人）はモンテネグロ共和国のそれ（60万人）を上回るにもかかわらず、コソボは自治州の地位にとどめられた。セルビア人は、コソボに共和国の地位を与えると、コソボのアルバニア人は次にアルバニアとの併合を要求するのではないかと恐れたのである。

　第二次世界大戦以後の時期だけをとってコソボを概観すると、アルバニア人は1950年代および60年代には冷遇されたと言える。1974年憲法体制は、アルバニア人の待遇を改善するため自治州に共和国並みの権限を与えた。だが、彼らの経済的不満、およびコソボを自治州から共和国へ昇格させよという願望は残った。

　1981年3月と4月、コソボで暴動が起きた。背景に高い失業率や共和国への昇格要求、等があった。暴動は鎮圧されたが、アルバニア人の不満は鬱積した。80年代前半、アルバニア人による暴力や嫌がらせのため、数万のスラヴ系少数派（セルビア人、モンテネグロ人）がコソボから逃れた。セルビア人の間ではコソボがセルビア共和国の一部でありなが

ら、セルビア人同胞を直接に保護できないことに対するいら立ちが強まった。

　民族間の憎悪を煽る演説や行動は1974年憲法によって厳しく禁じられていたにもかかわらず、人々にセルビア民族主義を煽って権力を掌握したのがスロボーダン・ミロシェヴィチであった。1987年4月24日、彼はプリシュティナ（コソボの首都）を訪問した。そこでセルビア人のデモ隊と、警察権を持ち棍棒で規制するアルバニア人警官隊が衝突する場面を目撃した彼は、セルビア人デモ隊に向かって、「もう二度と誰にも諸君たちを殴らせない！」と叫んだ。意外にも、このパフォーマンスが大受けした。彼は、「民族」というものを政治的に用い始め、1988年には「反官僚主義革命」を推進した。実際に行ったことはチトー体制の否定であった。憲法改正の討論の中で、セルビア共和国は自治州の権限を縮小し、警察や司法の分野で共和国政府が自治州に介入できるよう提案した。これに対しては、ヴォイヴォディナ自治州指導部もコソボ自治州指導部が強く反対した。ヴォイヴォディナの州都ノヴィ・サドを始め、各地でスラヴ系住民支援集会が開催された。実は、これはミロシェヴィチが動員したものであった。ヴォイヴォディナの党指導部やモンテネグロの内閣は総辞職を余儀なくされ、その後に、ミロシェヴィチを支持する人たちが指導部に入った。コソボでは「チトー主義者」の党幹部（アルバニア人）が解任された。1988年11月、セルビア共和国憲法が修正され、自治州の権限は大幅に縮小された。反対するアルバニア人は弾圧された。コソボでは共産主義者同盟は完全に崩壊した。

ユーゴは６つの共和国で構成されたが、1974年憲法体制の下ではセルビア共和国内の２つの自治州も共和国と同格とされ（違うのは、連邦議会に送る議員の数だけであった）、連邦幹部会（集団大統領制）にその幹部を送ることができた。連邦政府首相、労働組合総同盟議長などの連邦レベルの要職も各共和国・自治州のローテーションで決まることになっていた。ミロシェヴィチ主導の「反官僚主義革命」の結果、連邦幹部会の８人のメンバーのうち４人（セルビア、モンテネグロ、ヴォイヴォディナ、コソボ）がミロシェヴィチ支持者になった。

　連邦内でのセルビアの相対的な地位向上に対して、クロアチアとスロヴェニアは反発した。スロヴェニアはそれまでクロアチアとセルビアが対立したときにはつねに調停者的役割を果たしてきただけに、スロヴェニアの反発は深刻な意味をもった。スロヴェニアは1989年９月、共和国憲法を改正し、連邦離脱権を明記した。スロヴェニアとセルビア共和国との間に緊張が高まった。セルビアはスロヴェニアに対して国交断絶をし、スロヴェニア製品の輸入のボイコットを国民に呼びかけた。一つの国の中の県と県との間では絶対にありえないが、国家連合に近い連邦国家のユーゴスラヴィアでは実際にそういうことがあったのである。２ヵ月後、連邦政府の首相の仲介でようやくおさまった。

　分権的なユーゴ連邦を束ねていたのはユーゴ共産主義者同盟であったが、権威を喪失し、1990年１月に分裂した。こうして複数政党制に移行し、1990年４月から12月にかけて各共和国で次々に自由選挙が実施された。すべての共和国で民族主義的な政党が勝利し、遠心力が強まった。セルビアと

モンテネグロでは共産主義者同盟とその統一戦線組織が合併してできた社会民主党が勝利したが、この政党自身民族主義的傾向の強い政党になっていた。

スロヴェニアでは1990年4月に最初の自由選挙が実施された。反体制の立場の7政党が結成した連合体デモスが得票率58％を得て議会の絶対多数を得た。民主再生党と名称変更したそれまでの支配政党スロヴェニア共産主義者同盟は、得票率は14％にとどまったが、個別の政党としては最大の議席を獲得した。選挙の結果、デモスの連立政権が発足した。初代大統領には「社会民主主義的な共産主義者」のミラン・クーチャンが選出された。こうして、非共産党政権と、かつての共産主義者の大統領とのコアビタシオン（同棲）が始まった。同年12月、スロヴェニアの独立に関する意思を問う国民投票が実施され、投票した人の88.5％が独立を支持した。

5　危機から連邦の分解へ

セルビアのリーダー、ミロシェヴィチは経済危機克服のため、連邦の権限強化の必要性を説いた。北の共和国は反発した。

1991年初めから春、共和国首脳の会談が頻繁に開催された。南の共和国は国家連合を提案した。91年6月、アメリカのベーカー国務長官のユーゴ訪問し、連邦の維持を支持した。しかし、ドイツ政府、とくにゲンシャー外相はドイツ統一（1990年10月）を実現したばかりで、民族自決権を優先し、多民族国家ユーゴにこの原則を適用した。また、バチカ

ン（法王庁）も「承認プロセスのリーダーになるという前例のない行動をとりだしていた」（岩田、1999、156頁）。1991年6月25日、クロアチアとスロヴェニアは独立を宣言した。とくにスロヴェニアは即日、実行に移した（つまり、国境検問と税関の設置）。これに対して、連邦軍が介入し、スロヴェニア領土防衛隊[4]が抵抗した。連邦軍からクロアチアやスロヴェニア出身の兵士が次々に離脱した。やがて連邦軍は事実上セルビアの軍隊の様相を呈した。EU（当時はEC）3ヵ国の外相が調停に入り、宣言の実施の3ヵ月停止を提案して、戦闘は3日間で終了した。3ヵ月後の91年9月末になると、戦闘の焦点はクロアチアに移っており、スロヴェニアは独立をあっさり実現することができた。

　91年12月15日、ドイツ政府はスロヴェニアとクロアチアを国家として承認した。ところで、ECユーゴ和平会議の下にEC加盟の5ヵ国の憲法裁判所所長からなる調停委員会（委員長の名前をとって、バダンテール委員会と呼ばれた）が設置されていた。旧ユーゴ構成共和国のうち、セルビアとモンテネグロを除く4共和国が独立の承認を申請した。92年1

（4）領土防衛隊は、1968年におけるワルシャワ条約機構軍によるチェコスロヴァキアへの軍事介入を契機に、全人民防衛の思想に基づいて導入され、地域住民や職場の労働者がいざという場合に武器を守るという組織である。もちろん、彼らが装備する武器は貧弱であるが、まず敵の侵略に対応したうえで、本格的に武器を装備し、訓練をつんだ連邦軍が敵を撃退するという二段構えの防衛システムをユーゴは持っていた。スロヴェニアの巧妙な戦いぶりについては、小山（2018）、66－68頁を参照。

月11日、バダンテール委員会は、スロヴェニアについては即時承認の要件を満たしていると勧告した。しかし、クロアチアについては、同委員会は、クロアチア政府の少数民族に対する配慮が足りないと判断して即時承認を見送り、憲法に少数民族保護を規定すべしと勧告した。ところが、1月15日、残りのEC加盟国は、即時承認の要件を満たしていたマケドニアを承認せず、要件を満たしていないクロアチアをスロヴェニアと共に承認した。というのも、ドイツが早々と承認の決定をしており、反対すれば、ＥＣとしての一体性が維持できなくなるため、同調することを余儀なくされたからである。

6　連邦分解の理由

第1に、国際環境の激変が挙げられる。1991年12月、ソ連邦が解体した。社会主義国だとはいえ、ユーゴにとってソ連は仮想敵国であった。そのソ連の脅威が消滅したのである。第二次世界大戦終了時までは、大きな脅威であったドイツとイタリアももはや脅威ではなくなった。むしろ両国とは戦後、友好的な関係を維持してきた。そのうえ、ヨーロッパ統合が大きく前進し、ユーゴの北の2つの共和国は統合の流れに乗ることを希望するようになった。

第2に、一党制の問題。かつては、国民からの圧倒的支持を受けていたユーゴ共産主義者同盟だが、それとその統一戦線組織である社会主義勤労者同盟だけでは、複雑多様化した国民の利害や関心をまとめることは困難であった。最高幹部の一人だったミロヴァン・ジラス（1911－1995）は1950年

代に著書『新たな階級』で複数政党制の必要性を提起したが、失脚し、投獄された。連邦が存続するためには、もっと早く複数政党制に移行すべきであり、共和国を横断して組織される全国政党が必要であった。

第3に、第二次世界大戦の記憶（外国による侵略、それに対して共に戦った）が薄れた。センサス（国勢調査）でどの民族に属するかを記す項目があったが、これは自主申告による。戦後間もない時期には、「ユーゴスラヴィア人」と答える人の割合はかなり高かった。これは、諸民族を超越したユーゴスラヴィア人を創造しようとする共産主義者の夢を反映した民族区分で、かつては数％もあった。またセルビア人がクロアチア人と結婚する事例も多く、生まれた子供を「ユーゴスラヴィア人」と呼ぶ事例も多かった。戦後数十年も経ち、「ユーゴスラヴィア市民」意識がしだいに低下していった。

第4に、経済危機が長引いた。経済安定長期プログラムなど、危機克服の努力がなされてきたにもかかわらず、経済危機は深まる一方で、民族間対立・共和国間対立などを引き起こし、それはやがて政治危機へと転化した。こうして、諸民族を束ねてきたユーゴ共産主義者同盟の権威が低下していった。とくに1991年1月にハイパーインフレを克服するため

（5）ジラスは何度か釈放と投獄を繰り返したが、1967年末に最終的に釈放され、その後は普通の市民生活を送った。私はユーゴ留学中（1978年10月 – 1980年3月）のある日、書店で人名録を見つけた。Milovan Djilas を探してみたら、彼の名前と住所が記載されていた。

IMFが推奨し、連邦政府が実施したショック療法はインフレを鎮静化させたものの、経済に与えた打撃は激しかった。他の東欧諸国でも同様の政策を実施し、同様に、ＧＤＰの大幅下落や失業率上昇など、大きな打撃を受けたが、何とか持ちこたえることができた。たとえば、ポーランドでは、国民の間で強い影響力をもつカトリック教会や「連帯」指導者のワレサの存在により、危機に際して国民は結束を保つことができた。しかし、ユーゴは宗教的にはバラバラであり、そしてもはやチトーは存在しなかった。ＳＫＪにはユーゴの諸民族をまとめる力がなかった。

　第5に、国際社会が外から分解を加速した。将来の国家形態をめぐり、1991年1月より共和国首脳による国内サミットが何度も開かれた。スロヴェニアとクロアチアは分離独立もしくは国家連合を主張したのに対して、セルビアは連邦制の維持を主張し、双方の主張は平行線をたどるばかりであった。双方の最大公約数は国家連合であり、国際社会（とりわけ、欧米)はその方向でバックアップすべきであった。しかし、ドイツ、オーストリア、そしてヴァチカンが北の2つの共和国の独立支持の方向で動き、ユーゴ連邦の分解を外から加速した。

7　連邦解体とその後の紛争

ボスニア戦争

　これは1992年4月（国連での国家承認直後）に勃発し、95年10月（デイトン合意）まで続いた。ボスニアでは、平和な

ときはセルビア人、クロアチア人、ムスリム（スラヴ系イスラム教徒）が仲よく共存していた。3民族が微妙なバランスを保っていた。このバランスはユーゴ連邦の存在を前提としていた。前年（1991年）12月から1月にかけてのドイツをはじめとするEU諸国によるスロヴェニア、クロアチアの承認がそのバランスを崩した。ムスリムは独立に向けて動いた。とはいえ、ボスニアにおけるムスリムとセルビア人の衝突をギリギリまで回避しようとする努力もあった。ズルフィカルパシッチというムスリムの政治家がいた。かつて共産主義者としてチトーらと共にパルチザン闘争を行い、戦後イタリアに亡命し、その後スイスでビジネスに成功した人物であるが、彼はセルビア人勢力と交渉を重ね、1992年7月13日に戦争回避のために両勢力は協力するという合意文書をまとめた。この知らせを聞いた両勢力は安堵し、大きな喜びに包まれた。ところが、合意文書に調印する予定の7月14日になって、ムスリム勢力の最高指導者イゼトベゴビッチが署名を拒否し、事態は暗転した。彼は国際的なイスラム勢力およびアメリカからの支援をあてにして勝算ありと判断したのである。こうして、ボスニアでの民族紛争は泥沼化したのである[6]。

コソボ戦争

1999年3月から6月、NATOは、コソボでのアルバニア人の迫害を理由に、セルビアを空爆した。しかし、これは「セ

（6）この辺の事情は岩田（1999）、第5章と第6章に詳しい。

ルビアの治安部隊によるコソボのアルバニア人の迫害」とい
うような単純な問題ではない。その前段階で、95年頃から
独立への動きが活発化した。

　アルバニア人の間に2つの潮流が存在した。一つは、イブ
ラヒム・ルゴヴァが率いる非暴力抵抗路線、もう一つはKL
A（コソボ解放軍）の武力解放路線であった。ハワード・ク
ラーク（Clark, 2000）によると、コソボ、とくに農村部は家
父長的な社会で、伝統的に、「血の復讐」という慣習が続い
ていた。これを終わらせようとする最初の近代的な運動は自
主管理と共にやってきた。ルゴヴァのLDK（コソボ民主同
盟）はこの路線を実践した。警察の挑発には乗らないことを
申し合わせた。彼らは、非暴力の抵抗運動によって統治の実
績を積み上げていき、他の共和国や国際世論を味方につけた
方が得策だと考え、教育、医療、徴税などの分野で並行機構
を作る努力を続けた。ところが、国際世論はボスニアの民族
紛争に目を奪われ、コソボにおける非暴力抵抗運動にはほと
んど注意を払わなかった。KLAは1993年に成立した。チ
ョムスキー（2002）によると、彼らの中からはボスニア戦争
に義勇兵として参加した者もいた。欧米がコソボのアルバニ
ア人の「平和的な市民の抗議」を無視し、支援しなかったこ
とに失望した人々は、自由は戦いとらなければならないと考
え、しだいに攻撃的な戦略を支持するようになり、KLAへ
の支持が強まった。セルビアの治安部隊との衝突が繰り返さ
れた。97年2月、セルビアの治安部隊に殺されたアルバニ
ア人教師の葬儀の際、KLAは大衆の前に初めて姿を現した。
98年9月までにKLAはコソボの国土の4割を押さえた。

98年2月ごろまでは、アメリカ政府はＫＬＡをテロリストと見なしていた。やがて、アメリカ政府は方針を転換し、ＫＬＡを支持するようになった。98年5月8日、ＥＵ外相理事会がＮＡＴＯの軍事介入を要請した。明らかに、この頃、アメリカ政府は新ユーゴ（セルビアとモンテネグロで構成）のミロシェヴィチ体制打破に乗り出したと考えられる。99年1月、ユーゴ和平の連絡調整グループは、コソボ和平実現を求める最後通牒を新ユーゴ当局に突きつけ、新ユーゴとコソボの代表をパリ郊外のランブイエに召喚した。同年2月、ランブイエ会談が始まった。セルビア代表団は、ユーゴ和平グループの提案を原則的に受け入れたが、コソボ側の態度がまとまらず、調整グループは彼らの説得に手間取っていた。ランブイエ和平会談の交渉期限切れ直前の2月22日午後7時にアメリカとイギリスは追加提案（付記Ｂ）をした。その内容は、ＮＡＴＯ軍が強大な治外法権を持ち、コソボだけでなく新ユーゴ全域に自由に展開できるというもので、新ユーゴ側にとってとうてい受け入れられるものではなかった。3月15日に再会された会談では、新ユーゴ側は、「コソボの広範にわたる自治をめぐる政治的合意へ向けた」交渉を国連とＯＳＣＥ（欧州安全保障機構）が支援するよう要請し、さらに、「ランブイエで受け入れる予定の合意を実行に移すために必要なコソボにおける国際的監視の範囲と性格について議論する」ことに同意すると述べ、政治面では大幅な譲歩の姿勢を見せた。しかし、会談では、新ユーゴ側と連絡調整グループ、とりわけ米英の主張は軍事面で隔たりがあまりにも大きく、新ユーゴ側は調印を拒否した。連絡調整グループはコソボ側と

だけ文書に調印した。

　3月24日にセルビアに対するNATOの空爆が始まり、78日間続いた。爆撃対象は当初、新ユーゴ軍・治安部隊の軍備・施設であったが、やがて市民の生活基盤にも及んだ。コソボだけでなく、遠く離れたヴォイヴォディナ自治州やセルビアの首都ベオグラード、そして地方都市も爆撃された。NATO軍機は1万5000フィート上空から爆弾を投下したが、誤爆も起きた。5月7日には中国大使館が誤爆され、死傷者が出た。空爆によるセルビア側の死者は約5000人とNATOは推定している。新ユーゴ政府によると、20件の誤爆で民間人2000人が犠牲になった。空爆開始以前にはセルビア国内ではミロシェヴィチに対する反対勢力の活動も高まっていた。しかし、いかに反対であっても、外国からの攻撃に際しては、セルビア国民は時の政権を擁護せざるを得ない。NATOの空爆がかえってミロシェヴィチの立場を強め、2000年10月まで政権にとどまるのを可能にしたのである。

　2008年2月17日、コソボ自治州議会は、セルビアの反対を押し切って独立を宣言した。同年6月18日、アメリカ政府はコソボを承認し、翌日、英仏政府もコソボの独立を承認した。ドイツはすでに2月に承認していた。しかし、国内に少数民族問題をかかえるスペイン、キプロス、スロヴァキア、ルーマニア、ギリシャはコソボを承認せず、EU諸国の対応は分かれた。

　セルビアは2009年にEUに加盟を申請し、2013年3月、コソボとの関係改善を条件に正式に加盟候補国と認められ、同年、加盟交渉が始まった。なお、モンテネグロは2006年

にセルビアとの国家連合を解消して独立し、2011年以来、ＥＵと加盟交渉を続けている。コソボは潜在的加盟候補国の地位にある。セルビアのＥＵとの加盟交渉は、コソボとの関係改善が難航しているので、進んでいない。

第7章　歴史的教訓と将来社会

1　歴史的教訓

　ロシアの社会主義はツァーリズムの圧政から人々を解放し、労働者の労働条件や待遇を改善し、農民に土地を与え、人々を豊かにするはずであった。社会主義建設の過程でさまざまな困難に直面したが、1920年代末の穀物調達危機は深刻であった。スターリンは、農民との協調を重視する指導者たちの反対を押し切って大転換を行い、全面的農業集団化を強行し、重工業優先の工業化を遂行した。スターリンはピョートル大帝と同じような役割を果たしたのである。物質的前提や社会的・文化的前提を欠くロシアにおいて急速かつ強引に建設された社会主義は、否定したはずのロシアの帝政の特徴を受け継ぐ歪んだものであった。こうしてリヴァイアサン（巨大な怪物）が出現した。このソ連型社会主義が第二次世界大戦後、東欧諸国に移植された。その過程でソ連と対立した旧ユーゴスラヴィアは自主管理社会主義を標榜し、経済的にはソ連とは違う仕組みを作りあげたが、政治的には一党独裁で、その点ではソ連型社会主義と共通していた。ソ連やほかの東欧諸国とは違って、旧ユーゴは西側諸国との交流も活発で、開放的な社会主義であった。しかし1980年代に表面化した経済危機が激しくなり、やがて共和国間の対立が深ま

り、ついに 1991 年に分解した。

　これまで多くの人々が、ロシアで起きた革命とその結果出現した歪んだ社会主義を普遍的なものと理解し、そういう革命と社会を目指してきたが、それは間違っていた。しかし、ソ連や東欧で起きた深刻な間違い、たとえば、1930 年代のソ連での大粛清、カチンの森でのポーランド将校の大量虐殺、戦後の東欧での党幹部の粛清などは外部世界には部分的にしか伝わってこなかったので、やむを得ない面もあったと思う。東欧での 1989 年の体制転換やソ連でのペレストロイカおよび社会主義崩壊と連邦解体の後、多くの文献や資料が外部の観察者にも入手できるようになった。そこでの失敗の分析は重要である。われわれのような後世の世代はそこから教訓を引き出すことができる。

　ソ連や東欧での社会主義の破綻により、資本主義社会では強欲な経営者たちに対して牽制するものがなくなった。それにより、すでに 80 年代初めの登場した新自由主義はその勢いを強めた。強欲な経営者たちは目先の利益を追い求め、資源を浪費し、環境を破壊している。規制緩和や税制改革（最高税率引き下げ）は富裕者をいっそうに有利にしたが、それはトリクル・ダウン・セオリー（まず富裕者が富めば、その利益はやがて下の方へ順々に滴り落ちていくので、皆が豊かになるという）で正当化された。現実には、大企業は内部留保をため込む一方、従業員の賃金は伸び悩んだ。

　過去 20 年間、Ｇ 7 諸国の中でほとんどの国で労働者の賃金は数十％も上昇した。賃金が横ばいであるのは日本だけである。労働者の賃金では日本は韓国に追い抜かれた。その背

景にある深刻な問題は、労働組合の組織率の大幅な低下である。経営者側に対する労働者側の交渉力は低下した[1]。失業率はそれほど高くないものの、不正規労働者の割合が増えた。大企業は、不正規労働者の割合を増やし、賃金の抑制に努め、利益を増やし、内部留保を積み上げている。全体的に、労働者の平均賃金は停滞し、所得格差は拡大した。労働者の待遇を改善し、賃金を大幅に引き上げれば、全体として労働者の消費需要が高まり、経済発展につながるという好循環を生み出すはずなのに、個別の企業は国際競争力の強化を理由に、大幅賃金引上げを渋っている。労働者側の交渉力が弱いので、首相自ら財界に賃金引き上げを要請する官製春闘という奇妙な事態すら生まれている。さすがに政府側にも危機感があるようで、2021 年 9 月に登場した新首相は「新しい資本主義」を唱えているが、まだその内容ははっきりしない。むしろ、現状に不満を持ち、よりよい社会を求める人々は「新しい社会主義」の旗を掲げて前進すべきではないだろうか。

2　将来社会

　ロシアの社会主義革命は平時ではなく、戦時に起きた。しかも、ツァーリズムが絶大な権力を握り、議会制民主主義がまだ十分定着していなかった。だから、ボリシェヴィキが率いるソヴェトが権力を奪取したこともある程度正当化できるかもしれない。しかし、21 世紀に議会制民主主義が発達し

（1）労働政策研究・研修機構研究員の呉学殊（2021）の報告。

た資本主義諸国では、そのようなことは許されないし、不可能である。もし発達した資本主義諸国で社会主義が生まれるとすれば、それは、議会を重視した民主的な改革の積み重ねの上に到来するだろう。

現代資本主義は深刻な矛盾を抱えている。トマ・ピケティ（2014）は、民間財産に基づく市場経済は、知識と技能の拡散により、強力な収斂の力を持つと言いつつ、他方、格差拡大の強力な力も持っていると言う。というのは、民間資本収益率（r）が所得と産出の成長率（g）を長期にわたり大幅に上回るからである。彼は、このことは社会の不安定化をもたらすと警告している（601頁）。1980年以降、アメリカでは富裕者に有利な税制選択（最高限界所得税率引き下げ）の効果もあって、「スーパー経営者」が出現し、格差が爆発的に拡大した（305-308頁）。市場経済ではこの格差が自動的に縮小することはないので、法的規制などの社会的な介入が必要になる。

空想的社会主義としてマルクスに批判された19世紀の社会主義者たち、たとえば、空想するだけでなく、労働組合運動を指導し、協同組合事業の実践もしたロバート・オウエンらの思想と実践の積極的側面も見直されるべきだろう。マルクスの思想はロシアにおいてレーニン主義という潮流を生んだが、他方、西欧諸国を中心に社会民主主義というという潮流も生んだ。この潮流は北欧の福祉国家づくりやドイツの共同決定制にも影響を与えており、こうした国々の経験の積極面も大いに学ぶ必要があると思う。アメリカでも、大統領選

（2）社会民主主義の歴史については、諫山（1990）が参考になる。

挙の民主党予備選に出馬したことのあるバーニー・サンダース上院議員は「民主的社会主義者」を名乗っているが、別に体制変革を唱えているわけではない。彼は、巨大企業に対する膨大な免税措置と補助金や富裕層免税の廃止、巨額の軍事費の縮小、子供、高齢者、病人、貧困層の支援などを要求し、体制内変革を主張しているのである。

　将来社会については、後述の堀林氏の意見と同様、私はことさら生産手段という言葉を持ち出す必要はないと思う。私が思い描いているのは、強欲な経営者を野放しにする資本主義ではなく、企業に対して従業員や地域社会を含めた何らかの社会的コントロールがある社会である。経営者の役割は重要であり、その責務の重要性に応じて高い報酬は支払われるべきであるが、それが従業員の平均給与の数百倍ということはないだろう。地域レベルでは、「だれも置き去りにしない」[3]政策が必要であろう。すべての国民に充実した福祉を提供できる国家や地方自治体が必要であろう。

　旧ユーゴの自主管理は破綻したが、その精神は資本主義社会でも活かすことができる。たとえば、スロヴェニアは1992年に年率200％を超えるインフレに見舞われ、危機的状況にあったとき政府、経営者団体のトップ、労働組合のトップが協議した。労働組合が賃金上昇を生産性の伸びの範囲内に抑えることに合意して、危機を克服し、その後の経済の安定成長の基礎になった。このときの三者合意の仕組みは経済

（3）この表現は、トーマス・グレイアム著『だれも置き去りにしない』の表題からとった。

社会評議会という形で制度化された。経済全体を自主管理の
原理で動かすのは無理だが、個別の企業が自主管理の原理で
経営されることはありうる。現にスペインのバスク地方には
モンドラゴンという自主管理企業が存在する。そういう自主
管理企業では一般の従業員だけでなく、有能な経営者が必要
であろう。経営者の選任の方法や報酬の決め方は重要な問題
となろう。会社は誰のものかが問われるだろう。

　近年、アメリカでも株主第一主義には批判が強まっている。
歴史を振り返ると、20世紀に入ると、経営者支配が強まっ
た。株式流通市場の発達と株式投資の大衆化により、株主構
成が分散し、支配的株主がいない巨大会社が出現し、資本所
有と経営が分離するという状況が生まれ、プロの経営者が取
締役会を実質的に支配し、巨大な権力を持つに至った。1970
年にシカゴ大学教授で新自由主義の権化ミルトン・フリード
マンが「株主第一主義」を提唱し、保守派の反撃が始まっ
た。株主と利害を一致させるために経営者に巨額の株式オプ
ションを報酬として与える。そうすると、経営者は株価の上
昇に気を配るようになる。従業員の解雇や賃金引き下げでコ
スト削減に成功し、株価が上がれば有能な経営者ということ
になる。その結果、四半期ごとの利益を重視する経営（short-
termism）となり、高株価演出のための財務操作を行うことさ
え行われた。経営者の報酬は従業員の平均賃金の百数十倍
という具合に増加し、強欲資本主義の弊害が目に余るよう
になった。2015年の国連サミットが「持続可能な開発のた

（4）富沢ほか（1988）を参照。

196

めの 2030 アジェンダ」がＳＤＧｓ（持続可能な発展目標）を提案したことを受けて、2019 年 9 月にアメリカの Business Round Table（ＢＲＴ）は、長年の株主第一主義を改め、ステークホルダー（広い意味での利害関係者）、すなわち、取引先・従業員・顧客・地域社会（環境を含む）を株主と同等に扱って、長期的価値を創造する経営方針を提唱した。もっとも、ＢＲＴは経営者の高額報酬と所得格差について沈黙しているのだが。[5]

ドイツの共同決定制も注目に値する。日本とは違い、ドイツの株式会社では監査役会（企業の最高意思決定機関であり、執行機関としての取締役会構成員の任命権をもち、監視する）が重要な役割を演じている（飯尾、1987、16 頁）。その監査役会は労使同数の監査役からなり、それの選出に際して被用者代表の同意が得られなければ、監査役会の決定ができないという意味で、企業の意思決定において労使双方による共同決定が行われるのである。さらに、労務担当取締役を被用者代表監査役が選ぶようになっている。以上のような企業レベルでの監査役会と並んで、事業所には労使交渉機関である経営協議会があり、ここで職場レベルでの共同決定が行われる。このように、企業レベルの共同決定と職場レベルでの共同決定が相互補完的な役割を果たしている。[6]

（5）アメリカにおける企業と経営者の関係の見方の変化については、太田（2021）と柴田（2021）が大いに参考になる。
（6）ドイツの共同決定制について詳しくは、久本（1986）と飯尾（1887）を参照。

将来社会について考えるとき、堀林功氏（金沢大学名誉教授。2018年没）の見解は参考になる。彼の最後の著作『中東欧の資本主義と福祉システム─ポスト社会主義からどこへ─』で展開された構想は壮大である。将来社会を考えるさい、著者は社会主義に高い価値を置いている。現実に存在した社会主義は、ハンガリーの有名な経済学者ヤーノシュ・コルナイが示すシステム・パラダイム（共産党の一党独裁、国有優位、官僚的調整）で説明される。多くの人々が社会主義をそのようなものとして理解してきた。著者によれば、ソ連・東欧社会主義の失敗は外的要因ではなく、「内からの要因で十分説明可能」であり、「資本主義と民主主義の未成熟な発展段階から社会主義に移行したこと」、「遅れを取り戻す必要があったが、それに失敗したことに起因する」（497頁）。著者は、社会主義をコルナイが示すシステム・パラダイムで理解するのはもうやめたほうがよいと考えている。著者自身は、「そういう理解から離れて久しい。社会主義思想はもっと豊かであるから」（97頁）だという。社会主義を現代に生かす方法として次の点を挙げている。①脱商品化と自然の尊重、②ローカルで自然と文化に根をもつ暮らし、③世界市民主義（96－102頁）。

　堀林氏は、「社会主義」とは、「経済に社会が従属するのではなく、逆に社会──すなわち人間の連帯──に経済が従属する状態」である、そして「全面的」生産手段公有が必要だという理論的・現実的根拠はないと言う。彼によれば、環境保全のため土地は公有化されるべきだが、土地以外の「社会的共通資本」（医療・介護・教育・通信・輸送など）の公有に

ついては、新自由主義以前の戦後資本主義諸国の多くにおいてすでに現実であった。現在においても、社会民主主義型、大陸欧州型資本主義において福祉・教育セクターは公的部門であると言う。著者は、人々の社会的連帯を直接の目的とする非営利組織が経済社会のなかで大きな比重を占める社会を社会主義と考え、「現代資本主義、もっと良い資本主義、社会主義は線引きが難しい一連の過程」（504頁）だと述べている。「線引きが難しい一連の過程」と言われれば、社会主義はそう遠くない将来の話のようにも思われる(7)。社会主義像については、いろんな議論があってよいと思う。

資本の国境を超えた移動の多い現状では、「底辺への競争」（低賃金と悪い労働条件に向けた競争）が見られる。多国籍企業を呼び込むために法人税の切り下げ合戦があったが、ようやく本年10月、最低税率を15％にするという国際的合意ができた。これでもまだ低いが、一応評価できる。最近発表されたパンドラ文書は多くの金持ち（イギリスのブレア元首相を含む）や大企業がタックス・ヘイブンを利用していたことを暴露した。タックス・ヘイブン規制や金融取引税などを実現するためには、グローバルな取り組みが必要である。

環境問題は非常に重要である。地球温暖化対策は急務である。この点ではＥＵが最も積極的であり、国境炭素税を導入

（7）その方向に向かうには大きな障害もないわけではない。たとえば、「環境保全のため土地は公有化されるべき」だと言われるが、現代の金融の世界では土地が重要な担保として用いられており、大きな抵抗が予想される。

する。これは、二酸化炭素排出規制が緩い国で生産された製品がEUに輸入されるときに、追加的に課せられる税金のことである。ＥＵは2050年まで二酸化炭素排出量をゼロにすることを目指している。ところが、エネルギー問題を口実に原発依存を強めようとする動きもあるが、それは大間違いである。ひとたび原発事故が起きれば、おびただしい数の人々の生活を奪い、環境を破壊する。むしろ原発依存を減らし、再生エネルギーの活用・普及をはかるべきである。

社会主義は男女平等が実現された社会だと思う。社会主義でなくとも、これはすでに資本主義社会で実現されるべき課題である。北欧諸国では国会議員の中での女性の比率は50％に近く、閣僚の中での女性の比率が50％超の国（フィンランド）もあり、女性の首相も珍しくはない（現在、フィンランド、ノルウェー、エストニア、スウェーデン）。このほかに、ニュージーランドや台湾の首相も女性である（正確に言うと、台湾の場合、総統）。コロナ対応や危機管理能力の点でも、また国民の不安に共感をよせ、政府の方針をわかりやすく根気

(8) この点に関連して、最近アメリカで注目すべき動きがあった。日頃アメリカを批判することが多い私だが、最近日本経済新聞で注目すべき記事を見つけた。バイデン政権によって、32歳の女性リナ・カーン博士が日本の公正取引委員会に相当する連邦取引委員会の委員長に任命されたことを伝える記事（『日本経済新聞』2021年6月23日付）である。日本の公取委の委員長は慣例的に、経済産業省の事務次官を務めた人が就任する重要なポストである。彼女の両親はパキスタンからの移民である。彼女はイギリスで生まれ、12歳のときに両親と一緒にア

強く説明するという点でも、これらの女性の政治家は有能さを発揮した。この点では、日本は非常に立ち遅れている。政治だけでなく、企業幹部に占める女性の比率が非常に低い。これに加えて、年功序列社会と長老支配も大いに問題である。それを許す若い世代の意識変革も必要であろう。[8]

メリカに移住し、アメリカで教育を受けた。彼女自身は法律家で、専門は商法（または会社法）で4年前の大学院生時代に論文で巨大IT企業ＧＡＦＡ（グーグル、アマゾン、フェイスブック、アップル）を放置することはアメリカ経済にとってよくないことだと警鐘を鳴らし、注目を浴びた。昨年コロンビア大学の准教授に就任したばかりである。移民の子で、女性で、しかも32歳という若者であっても、能力さえあれば、重要なポストに抜擢する点に、アメリカ社会の柔軟性とダイナミズムを見ることができる。

あとがき

　本年夏、これまで東欧について書いたものをまとめて 1 冊の本にしませんかというありがたいオッファーをロゴスの村岡到氏（本名：入村康治）からいただいた。村岡到氏と私は長岡高校の同期生である。私は新潟県の農村地域に長く住み、高校 2 年の 2 学期初めに長岡高校に転校した。再会したのは1990 年頃、社会主義経済学会の会場であった。今回、ロゴスから本書を出版できるようになり、何かの縁を感じる。

　このお話をいただいて、 3 年前に執筆した論文「チェコ事件とは何であったか」（『ロシア・ユーラシアの経済と社会』No. 1031、2018 年）はもっと大勢の読者に読んで欲しいと思っていたので、これを一つの柱にすることに決めた。そして、43 年も前に執筆した論文「ソヴェト社会主義における転換点－スターリン主義の成立－」（『現代と思想』第 34 号、1978 年）は、後にバルト三国や東欧諸国に押しつけられることになるソ連型社会主義の形成を説明するもので、自分ではまだ内容的に価値があると思っているので、これをもう一つの柱にすることにした。時代に合わない記述もあったので、若干の部分を削除し、必要な加筆も行った。そして、東欧諸国やバルト三国に関する短い章を追加して本書をまとめた。これらの短い章は大部分書下ろしである。

　読者は、本書がソ連・東欧の社会主義の経済分析の書物で

はないことに気づいたであろう。私は大学で国際関係論を学び、その後徐々に経済学へシフトした比較経済体制論の専門家である。だから、国際関係論的な色彩を色濃く残している。

2021 年 11 月　　　　　　　　　　　　　　**小山洋司**

参考文献

• 吾妻真一（1999）「1968年8月のソ連外交―チェルナ会談から『モスクワ議定書』締結まで―」『立命館国際研究』12 - 2。

• アセモグル、ダロン＆ジェイムス・A・ロビンソン／鬼沢忍訳（2013）『国家はなぜ衰退するのか―権力・繁栄・貧困の起源―』上・下、早川書房。

• バス、ロバート、エリザベス・マーブリイ編『ソ連とユーゴの紛争文献記録』日本外政学会。

• ボッファ、G.／坂井信義訳（1983）『スターリン主義とはなにか』大月書店。

• ブルス、W.／鶴岡重成訳（1984）『東欧経済史1945 - 80』岩波現代選書。

• ブハーリン、ニコライ（1970）『経済学者の手記』（ブハーリン著作選2、和田敏雄・辻義昌訳）現代思想社。

• チョムスキー、ノーム／益岡賢他訳（2002）、『アメリカの「人道的」軍事主義』現代企画室。

• ドプチェク、アレクサンデル／ホフマン、イジー編／森泉淳訳（1993）『希望は死なず－ドプチェク自伝－』講談社。

• ドルールヴィチ、M.／高屋定国・山崎洋訳（1980）『試練に立つ自主管理―ユーゴスラヴィアの経験―』岩波現代選書。

• エレンステン、ジャン／大津真作訳（1978）『スターリン現象の歴史』大月書店。

• フェイト、F.／熊田亨訳（1978）『スターリン以後の東欧』岩波現代選書。

• 家本博一（1994）『ポーランド「脱社会主義」への道―体制内改革から体制転換へ―』名古屋大学出版会。

• 家本博一（2004）『中欧の体制移行とEU加盟』三恵社。

- 飯尾要（1887）「労働者参加と“共同決定の２つの型”」『経済理論』220号。
- 池田嘉郎（2017）『ロシア革命―破局の８か月―』岩波新書。
- 池本修一（2001）『体制移行プロセスとチェコ経済』梓出版社。
- 諫山正（1990）「社会民主主義の思想と歴史―ドイツ社会民主党の100年を中心に―」『90年代と社会民主主義』（『経済評論』増刊）、日本評論社。
- 石川晃弘（1983）『職場のなかの社会主義―東欧社会主義の模索と挑戦―』青木書店。
- 石川晃弘（2006）『スロヴァキア熱―言葉と歌と土地―』海象社。
- 岩田昌征（1994）『ユーゴスラヴィア―衝突する歴史と抗争する文明―』ＮＴＴ出版。
- 岩田昌征（1999）『ユーゴ多民族戦争の情報像―学者の冒険―』御茶ノ水書房。
- 不破哲三（2014）『スターリン秘史―巨悪の成立と展開―』新日本出版社。
- グレイアム、トーマス／久米五郎太訳（2018）『だれも置き去りにしない－フィリピンNGOのソーシャル・ビジネス－』文眞堂。
- 林忠行（1991）『粛清と「プラハの春」―チェコとスロヴァキアの40年―』岩波書店。
- 久本憲夫（1986）「西ドイツ共同決定制の形成」『経済論叢』第138巻、第５・６号。
- 平田重明（1984）『埋もれた改革―プラハの春の社会主義―』大月書店。
- 堀林巧（1990）『ハンガリーにおける改革の軌跡―経済分権化から政治的多元化へ（1968〜1989年）―』金沢大学経済学部研究叢書。
- 堀林巧（2016）『中東欧の資本主義と福祉システム―ポスト社

会主義からどこへ―』旬報社。

・上島武（1974）「過渡期経済論の方法について」（経済理論学会編『現代資本主義とインフレーション―経済理論学会年報第11集―』）、青木書店。

・上島武（1977）『ソビエト経済史序説―ネップをめぐる党内論争―』青木書店。

・鹿島正裕（1979）『ハンガリー現代史』亜紀書房。

・木戸蓊（1977）『バルカン現代史』山川出版。

・クライン、ナオミ／幾島幸子・村上由美子訳（2011）『ショック・ドクトリン―惨事便乗型資本主義の正体を暴く―』岩波書店。

・小山洋司（1977）「ソ連邦第一次五ヵ年計画期（1928～1932年）における都市と農村との間の経済的諸関係」『海南経済学』（高知大学経済学会）第5号。

・小山洋司（1978）「ソヴェト社会主義建設における転換点－スターリン主義の成立－」『現代と思想』第34号。

・小山洋司（1996）『ユーゴ自主管理社会主義の研究― 1974年憲法体制の動態―』多賀出版。

・小山洋司（編）（1999）『東欧経済』世界思想社。

・小山洋司（2002）「書評：ルーマニアに関する2冊の重要文献」『新潟大学大学院現代社会文化研究科研究プロジェクト「グローバリゼーションに関する学際的研究」報告書』。

・小山洋司（2004）『EUの東方拡大と南東欧―市場経済化と小国の生き残り戦略―』ミネルヴァ書房。

・小山洋司（2008）「コソボ独立をめぐる諸問題」『海外事情』（拓殖大学海外事情研究所）第56巻4号。

・小山洋司（2018年）『スロヴェニア―旧ユーゴの優等生―』（ユーラシア文庫8）群像社。

・小山洋司（2018）「チェコ事件とは何であったか」『ロシア・ユ

ーラシアの経済と社会』No. 1031.

・小山洋司（2020）「資料紹介：ゼノナス・ノルクス著『バルトのスロヴェニアとアドリアのリトアニア』」『ロシア・ユーラシアの社会』No. 1049。

・小山洋司（2021）「バルト経済論—対外移住の歴史的・構造的要因の考察—」『比較経済体制研究』第 27 号。

・レヴィン、モッシェ／荒田洋訳（1972）『ロシア農民とソヴェト権力—集団化の研究 1928 〜 1930 —』未来社。

・マラフェーエフ、H. ／岸本重陳訳（1968）『ソ連邦価格形成史』竹内書店。

・マルクス、カール（1959）『資本制的生産に先行する諸形態』大月書店国民文庫。

・松川周二（2011）「ドイツの賠償支払・トランスファー問題とケインズ」『立命館経済学』第 59 巻・第 5 号。

・メドヴェージェフ、ロイ／石堂清倫訳（1973）『共産主義とは何か』上巻・下巻、三一書房。

・メドヴェージェフ、ロイ／石堂清倫・高田爾郎篇（1977）『ソヴェト反体制』第 2 輯、三一書房。

・みすず書房編集部編（1968）『戦車と自由—チェコスロバキア事件資料集—』（Ⅰ）・（Ⅱ）。

・宮地健次郎（1968）「チェコスロバキアの歩み—優等生からの脱却‐」『戦車と自由』（Ⅱ）。

・ムリナーシュ、Z. ／相沢久監訳・三浦健治訳（1980）『夜寒—プラハの春の悲劇—』新地書房。

・盛田常夫（2010）『ポスト社会主義の政治経済学—体制転換 20 年のハンガリー：旧体制の変化と継続—』日本評論社。

・盛田常夫（2020）『体制転換の政治社会学：中・東欧 30 年の社会変動を解明する』日本評論社。

- 六鹿茂夫編（2007）『ルーマニアを知るための 60 章』明石書店。
- 中村氏方（1970）「チェコにおける社会主義的所有の危機」『経済評論』1970 年 6 月号。
- 中矢俊博（2021）「ケインズの『平和の経済的帰結』」『南山経済研究』第 35 巻・第 3 号。
- 呉学殊［オ・ハクスウ］（2021）「フリーランスの実態と政策課題」新社会学研究会報告資料（10 月 9 日）。
- 小野田勲（1968）「チェコスロバキアの近況（1968・8・19）」『戦車と自由』(I)。
- 大木毅（2019）『独ソ戦―絶滅戦争の惨禍―』岩波書店。
- 太田行信（2021）「フリードマン・ドクトリンの終焉：企業の存在意義の見直しと資本主義の再構築―会社を、誰が、何のために、どうやって支配するかをめぐる百年論争」『日本比較経営学会第 46 回全国大会予稿集』。
- ピケティ、トマ／山形浩生・守岡桜・森本正史訳（2014）『21 世紀の資本論』みすず書房。
- オタ・シク／林三郎訳（1970）『チェコ経済の真実』毎日新聞社。
- 斎藤治子（1995）『独ソ不可侵条約―ソ連外交秘史―』新樹社。
- 斎藤治子（2016）『リトヴィーノフ－ナチスに抗したソ連外交官－』岩波新書。
- 斉藤孝（1965）『第二次世界大戦前史研究』東京大学出版会。
- サンダース、バーニー／萩原伸次郎監訳『バーニー・サンダース自伝』大月書店。
- シートン、E.／小泉ほか訳（1959）『ソビエトの経済発展と政策』創文社。
- スムルコフスキー、ヨゼフ／山崎功訳（1976）『スムルコフスキー回想録―私は屈しない―』読売新聞社。
- 柴田努（2021）「株主第一主義の転換と企業支配構造」『日本比

較経営学会第46回全国大会予稿集』。

・塩沢由典（1998）「判断の論理とわれわれの知識」『比較経済体制研究』第5号。

・栖原学（2001）「経済の犯罪化」中山・上垣・栖原・辻『現代ロシア経済論』岩波書店。

・田口雅弘（2005a）「1970年代ポーランドにおける対外債務累積のメカニズム」『岡山大学経済学会雑誌』36（4）。

・田口雅弘（2005b）『ポーランド体制転換論——システム崩壊と生成の政治経済学——』岡山大学経済学部。

・渓内謙（1970）『スターリン政治体制の成立』岩波書店。

・渓内謙（1978）「現代社会主義の展望」『世界』1978年5月号、岩波書店。

・ツィーサシュ、チェストミル（1968）「マルクス生誕150周年記念演説－マルクスの思想的遺産は後楯であり、支柱であり、鼓舞者である」『戦車と自由』（Ⅱ）。

・ティグリット、パーベル／内山敏訳（1969）『プラハの春』読売新聞社。

・暉峻衆三・小山洋司・竹森正孝・山中武士（1990）『ユーゴ社会主義の実像』リベルタ出版。

・富沢賢治・佐藤誠・二神護・坂根利幸（1988）『協同組合の拓く社会——スペイン・モンドラゴンの創造と探求——』みんけん出版。

・上垣彰（1995）『ルーマニア経済体制の研究　1944－1989』東京大学出版会。

・ヤルゼルスキ、ヴォイチェフ／工藤幸雄監訳（1994）『ポーランドを生きる——ヤルゼルスキ回想録——』河出書房新社。

・吉井昌彦（2000）『ルーマニアの市場経済移行——失われた90年代？——』勁草書房。

・吉野悦雄（1987）『社会主義経済改革論——ポーランド経済改革

報告の研究 -』木鐸社。

- 油井大三郎 (2018)『ベトナム戦争に抗した人々』世界史リブレット、山川出版社。
- 和田春樹 (1967)「ロシア革命と統一戦線」『思想』No. 519、1967 年 9 月号、岩波書店。

外国語文献

- Barsov, A. A. (1968)「第一次 5 ヵ年計画期 (1928 - 1932) における農業および社会主義的直積の源泉」『ソ連邦の歴史』1966, No. 8 (露文)。
- Barsov, A. A. (1969)『都市と農村との間の価値視点から見た交換のバランス』ソ連科学アカデミー (露文)。
- Barsov, A. A. (1974)「ネップおよび都市と農村との間の経済関係の均等化」、P. Kim 編『新経済政策:理論と歴史の諸問題』(露文)。
- Bebler, Anton (1998), Slovenia and South - Eastern Europe, *Sudost Europa*, H. 3 - 4, 47 Jahrgang.
- Chapman, Colin (1968), *August 21st: The Rape of Czechoslovakia*, Philadelphia and New York: J. B. Lippincott Company.
- Chomsky, Noam (2000), *A Generation Draws the Line: Kosovo, East Timor and the Standards of the West*, London and NY: Verso.
- Clark, Howard (2000), *Civil Resistance in Kosovo*, London: Pluto Press.
- Cohen, Stephen (1973), *Bukharin and the Bolshevik Revolution: A Political Bibliography*, New York: Princeton.
- Dawisha, Karen (1984), *The Kremlin and the Prague Spring*,

Berkely, Los Angeles and London: University of California Press.

• Dobb, Maurice (1966), *Soviet Economic Development since 1917*, Revised and Enlarged Edition, New York.

• Eidel' man (ed.) (1968)『5ヵ年計画の歩み』モスクワ（露文）。

• Gazinski, Benon (2016), Poland Recast. Agriculture and Rural Development during a period of the Transformation and European Integration: An Overview, *AgroLife Scientific Journal*, Volume 5, Number 1, 2016. ISSN 2285 − 5718

• Gladkov, I, A (ed.)（1960）『ソ連邦における社会主義経済の基礎の建設、1926 − 1932年』モスクワ（露文）。

• Jasny, Naum (1972), *Soviet Economies of the Twenties: Names to be Remembered*, Cambridge University Press.

• Lewin, Moshe (1974), *Political Undercurrent in Soviet Economic Debates: From Bukharin to the Modern Reformers*, Princeton.

• Moshkov, Yu (1966)『ソ連邦の全面的農業集団化期における穀物問題』モスクワ（露文）

• Piatkowski, Marcin (2018), *Europe's Growth Champion: Insights from the Economic Rise of Poland*, Oxford University Press.

• Rusinow, Denison (1977), *The Yugoslav Experiment 1948 − 1974*, Berkeley & Los Angeles: University of California.

• Sachs, Jeffrey (1993), *Poland's Jump to the Market Economy*, Cambridge: MIT Press.

• Selucky (1988), Economic Reforms of 1968 After Twenty Years, in Pehe, Jiri (1988), *The Prague Spring: A Mixed Legacy*, New York: Freedom House

- Svabe, Arveds (1949), The Story of Latvia – A Historical Survey, Stockhome: Latvian National Foundation. https://latvians.com/index.php?en/CFBH/TheStoryOfLatvia/SoLatvia – 10 – chap.ssi
- Valenta, Jiri (1979, 1991), *Soviet Intervention in Czechoslovakia 1968: Anatomy of a Decision*, Baltimore and London: The Johns Hopkins University Press.
- Zatkuliak, Josef (1998), Slovakia in the Period of 'Normalization' and Expectation of Changes (1969 – 1989), *Sociologia*, Vol. 30, No. 3.

統計集

『ソ連邦の社会主義建設』モスクワ、1936 年（露文）。
『ソ連邦の農業・統計集』モスクワ、1960 年（露文）。

著者紹介

小山洋司（こやま・ようじ）

1943 年、新潟県生まれ。新潟大学名誉教授、博士（経済学）。

1967 年、東京大学教養学部教養学科国際関係論コース卒業。

1973 年、東京大学大学院社会学研究科博士課程満期退学。

主な著書：

『ユーゴ自主管理社会主義の研究』多賀出版、1991 年

『ＥＵの東方拡大と南東欧－市場経済化と小国の生き残り戦略－』ミネルヴァ書房、2000 年

『南東欧経済図説』東洋書店、2010 年

『EU の危機と再生－中東欧小国の視点－』文眞堂、2017 年

『スロヴェニア－旧ユーゴの優等生－』群像社、2018 年

The EU's Eastward Enlargement: Central and Eastern Europe's Strategies for Development, Singapore: World Scientific、

『東欧経済』（編著）、世界思想社、1999 年

『東欧の経済とビジネス』（共著）、創成社、2007 年

ソ連・東欧の社会主義は何であったか
──歴史的教訓と将来社会

2021 年 12 月 25 日　初版第 1 刷発行

著　者	小山洋司
発行人	入村康治
装　幀	入村　環
発行所	ロゴス
	〒 113-0033　東京都文京区本郷 2-6-11
	TEL.03-5840-8525　FAX.03-5840-8544
	URL http://logos-ui.org
印刷／製本	株式会社 Sun Fuerza

定価はカバーに表示してあります。　ISBN978-4-910172-12-5 C 0031

ロゴスの本

石川晃弘 著　　　　　　　　　　　　　　四六判 187 頁・1700 円＋税
ロシア、中欧の体制転換　比較社会分析

武田信照 著　　　　　　　　　　　　四六判 上製 250 頁・2300 円＋税
ミル・マルクス・現代

村岡 到 編著　塩川伸明　加藤志津子　西川伸一　石川晃弘　羽場久美子
　　　　　　佐藤和之　森岡真史　伊藤 誠　瀬戸岡 紘　藤岡 惇
歴史の教訓と社会主義　　　　　　Ａ５判 284 頁・3000 円＋税

村岡 到 著　生存権所得　　　　　　四六判 236 頁・1800 円＋税
ベーシックインカムで大転換

村岡 到 著　　　　　　　　　Ａ５判 上製　236 頁・2400 円＋税
親鸞・ウェーバー・社会主義

村岡 到 著　　　　　　　　　　　　四六判 158 頁・1500 円＋税
文化象徴天皇への変革

村岡 到 著　　　　　　　　　　　　四六判 236 頁・2000 円＋税
ソ連邦の崩壊と社会主義　ロシア革命 100 年

村岡 到 著　　　　　　　　　　　　四六判 252 頁・1800 円＋税
池田大作の「人間性社会主義」

村岡 到 著　　　　　　　　　　　　四六判 188 頁・1700 円＋税
左翼の反省と展望　社会主義を志向して 60 年

村岡 到 編著　　　　　　　　　　　四六判 172 頁・1700 円＋税
宗教と社会主義との共振

村岡 到 編著　　　　　　　　　　　四六判 147 頁・1500 円＋税
宗教と社会主義との共振 II

村岡 到 著　　　　　　　　　　　　四六判 162 頁・1600 円＋税
マルクスの光と影──友愛社会主義の探究

あなたの本を創りませんか──出版の相談をどうぞ、小社に。

友愛を心に活憲を！

季刊 フラタニティ Fraternity

B5判 72頁　600円＋税　送料 140円

季刊フラタニティ刊行基金

呼びかけ人
浅野純次　石橋湛山記念財団理事
澤藤統一郎　弁護士
西川伸一　明治大学教授
丹羽宇一郎　元在中国日本大使
鳩山友紀夫　東アジア共同体研究所理事長

一口　5000 円
　1 年間 4 号進呈します
定期購読　4 号：3000 円
振込口座
00170-8-587404
　季刊フラタニティ刊行基金